當勝女

不做男人附屬品

拜金女 × 魚乾妹 × 媽蟲，別為我貼標籤，由我定義自己是誰！

上帝用亞當的肋骨造了夏娃，女人就要把男人當神？
受夠了「女人要打才會乖」、「台女欠扁」的話語，
別再只對女生說：「妳不行!」、「妳不能!」

充實自己，自食其力，展現經濟實力。
有些男人以為可以跟我們比，但其實不行。

憶雲，麥小麥 編著

目 錄

目錄 —————————————————

第五章　掙脫命運的樊籬

第六章　做長袖善舞的睿智女人

目錄

第七章　懂愛，才能「愛得起」

第八章　美滿的婚姻是女人最大的成功

目錄

前言

伊甸園的神話故事裡，上帝取下亞當的一根肋骨造就了夏娃，從此夏娃為亞當而生，為亞當而死，夏娃不過是亞當的附屬品。這一神話誇大了男人的主權地位，將女人弱化為渺小的「肋骨」。在男權社會，女人們主動把男人當成「神」來供奉，她們大多數人願意犧牲自己，成就男人。

其實，男人和女人皆需要競爭才能獲得生存權和發展權。女人並不比男人差，男人可以成功，女人同樣擁有成功的資質，同樣具備成功的可能，只要努力同樣可以成功。可惜的是，有些女人沒能發現、發揮和利用自身的資本和優勢，最終與精彩的人生擦肩而過。

對於大多數女人來說，並非缺少成功的願望，只是不懂得如何累積自己成功的資本，如何去實現自己想要成功的願望，以致於最終錯過自己的潛能，潦草度過一生。這不能不說是一種遺憾。

實際上，每個女人都有專屬於自己的魅力，也都有自己獨特的資本。這些並不僅僅是人們傳統眼光中的漂亮、姿色、風情等，而是來自於女性強大的內在潛能和人格魅力。然而，很多時候，女人們受傳統觀念的影響，把自己的精力過多地放在「家庭瑣事」、「他人意氣」之上，從而影響了自身的發展。如果一個女人懂得突破自我，學會調整自己、完善自己、掌握自己，發現、培植和挖掘自己的能力，不斷地提升自己，那麼，她同樣可以在成功的世界裡擁有自己的一席之地。一個不斷提升個人的魅力，不斷豐富自身內涵的女性，才有可能成為幸福一生的贏家。

本書從「束縛女人發展」的箇中原因入手，深入地剖析了女人若想成功需要突破的重重障礙與樊籬。讓女性朋友們在閱讀的同時，明白「自我」、「夢想」等因素的重要性。有自我才有資本，有夢想才能成功，有

前言 ————————————————————

強大的心靈，能扛得起生活重壓的女人，才能獲得自己想要的幸福人生。
本書實用性強，貼近生活，是女性朋友成功路上的一個小幫手。透過閱讀
本書，每一位女性都可以找到提升自身資本的良方，如果妳能夠從中吸收
營養，擅用自身的女性資本，就能為自己的人生增添一份自信，就能更加
遊刃有餘地遊走於生活的各個領域，從而活出屬於自己的精彩。

第一章　是什麼束縛了女人的手腳

生活中有一些女人，終其一生都邁不開自己的腳步。她們始終以家庭、以孩子和老公為生活重心，每天圍著廚房轉、圍著孩子轉、圍著老公轉。

原地打轉的生活讓女人們失去了自我，以至於她們的年齡增長了，但思想沒有隨之成長，心智沒有隨之成熟……到生命的最後，這些女人會發現，其實自己從來都不曾真正活過，更不要提活的精彩、活的成功了。

如何才能改變這樣的命運輪迴，開拓屬於自己的美好人生呢？

覺悟，只有自己覺悟到了「束縛」所在，才能掙脫捆綁自己的韁繩，突破生命的各種侷限……

▌「沒有自我」是最大的錯

　　生活中，有很多女人結了婚以後都喜歡把丈夫、孩子的人生當成了自己的。在她們的信念中，丈夫事業有成，孩子聽話、成績好就是一個女人擁有的最大幸福。她們的雙腳從結婚開始就不再走自己的路了，她必須追隨，必須踩著丈夫的腳步一步一個腳印地走下去。因為習慣了追隨，習慣了成全和犧牲，她們在不知不覺中迷失了自我。這樣的女人如果碰上負責任、有擔當的男人，那麼倒也是一椿美事。但是有的女性卻沒那麼幸運，她們不幸遇到了不可依靠的男人，因此，她們的下場往往很悲慘。

　　阿琴和阿輝曾是朋友眼中人人看好的一對伉儷。阿琴漂亮，天生有股飄逸的氣質；而阿輝家境優渥，帥氣又多金。他們結婚時，羨煞了旁人。

　　但 5 年時間過去，他們的婚姻亮起了紅燈，原因是阿輝外面有別人了。阿琴哭過、鬧過，最終還是妥協了。她在臉書上留言：「好後悔呀！為了家庭，為了孩子，我失去了自我，等我發現的時候，才知道自己一無所有。沒有成長，沒有進步，沒有經濟基礎，我只能沒有自尊地挽留這個破敗不堪的婚姻生活。」

　　是的，從結婚那一刻起，阿琴就過上寄生蟲的生活。因為阿輝的家庭條件好，結婚後，阿輝要求阿琴不要再工作。為了愛的人，阿琴答應了。

　　接下來，她安心地做家庭主婦，每天在家做好飯菜等待丈夫歸來。後來，阿琴有了孩子，生活不再那麼無聊了。她有孩子要陪伴，她需要做個好妻子、好媽媽，做到了相夫教子。好不容易等到孩子進了幼稚園，而她也準備出去工作的時候，阿輝仍希望她繼續在家當全職太太，因為這樣一回家就可以看到她。阿琴是聽話的，即便這種生活她過得心裡發慌，但為了這個家庭能夠和睦一點，她也只能犧牲了。俗話不是說「以夫為先」嗎？這是傳統。

在此期間，阿輝的事業不斷發展。他的自我能力提高了，金錢更加富足了，而他的朋友圈子也越來越大。總之阿輝進步了，而阿琴一直停滯不前，甚至於已經與社會的距離越來越遠。

直到阿輝傳出了緋聞，而她也親眼見到阿輝摟著一個年輕時尚的女人一起走出酒店後，這才意識到自己犯了一個多麼嚴重的錯誤：沒有自我，為別人而活，終究活不出自己想要的未來。如今，阿琴不知道自己接下來的人生該何去何從？難道真的就睜一隻眼閉一隻眼嗎？她真的能熬得下去嗎？

生活中像阿琴這樣的女人還有很多，她們把生命的重量全部放在愛情、婚姻或家庭中，她們愛家庭、愛孩子，愛身邊的那個男人，所以她們勇於奉獻，勇於犧牲，唯獨忘記了自我。一個忘記自我的女人是可憐又可悲的。因為，一旦婚姻觸礁、丈夫終止了「合作」，那麼，她一生所期望的榮譽、信念都將被毀掉。還有什麼比這更慘痛呢？

而一個女人如果擁有自我，有自己的事業、工作、愛好、有屬於自己的空間、時間、有自己的朋友，那她的處境將大大的不同。因為，在經營自我的過程中，女人同時也收獲了信心、能力、財富和樂趣。有了信心和能力，她們有足夠的力量將未來掌握在自己手中；有了財富，她們獲得了更多的自由和社會尊重；有了樂趣，她們的生活永遠不會貧乏而無意義。

瑞秋大學畢業以後，放棄父親為她安排的工作獨自一人到臺北闖蕩。因為不是畢業於知名大學，她的第一份工作不是很理想，只是在一家小公司做文書工作，做一些打雜的活。但她沒有因此就打退堂鼓。因為她知道只要一退縮，她就只能回到原處，回到家鄉那個小鎮去，在父親的安排下，做一份輕輕鬆鬆的工作，然後結婚生子，終此一生。這種生活不是她想要的，她想自己主宰自己的人生。

　　為了能在臺北更好地立足，瑞秋在工作之餘參加了一個英語培訓班，以提高自己的英語程度。週末，當大多數女孩子把自己打扮得漂漂亮亮地出去赴約時，瑞秋卻抱著厚厚的書，在圖書館裡待上一整天。

　　皇天不負有心人，一年之後，瑞秋的英語突飛猛進，她對自己更加有信心了。她再次出擊，終於過五關斬六將順利地進入了一家外國企業。

　　新的工作為她提供了更高的發展平臺。因為努力，她很快受到了上司的賞識。對於她來說，屬於自己的精彩才剛剛開始。

　　對於瑞秋，我們不能不佩服於她的魄力，她的勇氣。她無疑是自己生活的主宰者，尊重自己的內心，做自己的主人。知道自己的不足，努力彌補，不斷改變自己、調整自己的人生，這樣的女子能贏得生活的青睞那也是理所當然。

　　當然，並不是說女人只有成名了或者賺到錢了，才是實現了自我價值。其實，一個女人的自我價值還展現在她自己的價值觀、認知和文化理念上。

　　作為女人，若想活出自我，還應該遵循自己的特質，調整自己努力的方向，逐步完善自己。若能做到追求個人獨立和家庭責任間均衡發展，這樣的女人也算是真正地圓滿了。

▌最怕的是「懶惰」

　　懶惰是一種心理上的厭倦情緒。它的表現形式多樣，包括極端的懶散狀態和輕微的猶豫不決。生氣、羞怯、嫉妒、嫌惡等都會引發懶惰，使人無法按照自己的願望進行活動。

　　女人的懶散表現為：家事不愛做了，自己的形象不打理了，工作起來沒有了熱情，對於生活缺乏鬥志，缺乏激情……還有一些懶女人，總愛把

希望寄託在別人身上，認為只要嫁個好老公就可以高枕無憂了，因為天塌下來還有男人扛著呢！心理上的懶散與生活上的倦怠，給女人的生命罩上了一層灰濛濛的色彩，這樣的女人，即便生活在霓虹燈旁，一樣黯淡無光。

33 歲的趙晴最近越來越不想工作了。她的老公當上了某公司的總裁，她這位總裁太太很是風光，出門有車接送，各種高級飯店也沒少光顧，看到的都是笑臉。慢慢地大家感到她有了變化，原來在公司積極能幹，熱情主動，現在是「當一天和尚撞一天鐘」，坐在辦公室裡，幾張報紙看半天，一通電話打 1 個小時，到處與人家聊天。自己的工作不主動去做，非要等人催問，才勉強完成。

公司準備落實辦公自動化，要求大家學習電腦與網路知識，同事們都積極地學，她卻沒有興趣，上了幾天電腦課，就感到厭煩了，躲到一旁喝咖啡去。

公司準備慶祝國慶日，組織員工參加合唱演出，她以前很積極參加這些活動，這次卻以嗓子不舒服為由，逃避參加合唱團。

以前，坐公車到郊區遊玩、爬山，她都沒有覺得很辛苦，現在坐著轎車沒有走幾步，就吵著腰痛、腿痛、背痛，連轎車開到山腳下，她都沒興趣爬山了。

以前，每個星期堅持畫工筆畫，現在把畫板、顏料往箱子裡一放，根本就不去碰了，坐在沙發上，喝著濃香的咖啡看著電視。

公司走訪客戶，做市場調查，她怕累、怕熱，走到中途就跑了回來。這在以前是絕對不可能的事。公司上司與同事都覺得她變了，上司找她談話，希望她振作起來，她仍然我行我素，懶惰的樣子，讓人看著難受。為此，與同事間的關係也開始變得緊張起來。同事對她的態度明顯不如以往，而丈夫看她的眼神也多了一些探究的色彩。趙晴開始有了危機感。

如何才能化解懶惰帶來的危機呢？

心理學家認為，懶惰是一種病，它會慢慢地在一個人的身體裡蔓延，然後漸漸地侵蝕身體、心靈，最終統治了這個人的全部生活和意志。一個人一旦被懶惰牽制，就會產生逃避困難，怕苦、怕累的情緒，變得不思進取。故事中的趙晴正陷入這種危險的狀態裡。要脫離這種狀態，趙晴所能做的就是克服懶惰的倦怠情緒，讓自己積極、努力起來，只有這樣，才能幫助自己走出人生的困境。

那麼，如何才能克服懶惰，變得積極、主動起來呢？

首先，要找到自己的人生目標。

懶惰這種病的根源，其實就是一個人沒有找到自己人生的目標和方向，沒有找到那個自己可以為之奮鬥的人生目標，成天感覺無所事事，無精打采，生活無趣，沒有緊迫感，所以人就會變得很懶惰！懶惰這種病很好治，當妳找到了自己的人生目標時，妳會自然而然地渾身充滿活力，有使不完的精氣神，懶惰不藥而癒！

其次，要學會肯定自己，勇敢地把不足變成勤奮的動力。

學習、勞動時都要全身心投入爭取最滿意的結果。無論結果如何，都要看到自己努力的一面。如果改變方法也無法很好地完成，說明可能是技術不熟，或是還需完善其中某方面的學習。扎實的學習最終會讓妳成功的。

這樣努力一段時間，妳將發現自己很少為因做了某件事而感到遺憾。妳還將發現，以堅強的毅力、樂觀的情緒，腳踏實地地實踐著由易到難不斷更換目標，是我們每一個人都可以做到的。

克服懶惰，正如克服任何一種壞毛病一樣，是件很困難的事情。但是只要妳決心與懶惰分手，在實際的生活和工作中持之以恆，那麼，妳就可以收獲屬於自己的成功人生。

▌優柔寡斷絆住了女人的腳步

生活中有很多女人遇到問題時總喜歡瞻前顧後，猶豫不決，前一分鐘這樣想，後一分鐘馬上又改變了主意，總是很難下定決心。女人的這些行為表現充分反映出了她們的性情與心理特點。因為總是拿不定主意，所以很多女人往往錯過了成功的先機，與機會擦肩而過。

玉梅喜歡峯軍，而峯軍對玉梅也很欣賞。當峯軍對玉梅表白時，玉梅心裡挺高興的，但她又猶豫了，她想到自己上大學前答應過爸爸媽媽，大學期間不談戀愛，如果談了戀愛不是違背了自己當初的諾言嗎？她又想到，峯軍的家庭條件較差，如果跟他談了戀愛，是不是就意味著以後要跟著他一起吃苦呢？

為了此事，玉梅猶豫了很久，遲遲沒有給峯軍任何的答覆。峯軍非常失望，以為玉梅對他沒有意思，在難過之餘，峯軍跑到校外的酒吧喝了個爛醉，在回校的路上被迎面而來的小轎車撞了，峯軍因此失去了一條腿，他申請了退學，再也不想看到玉梅。

玉梅懊惱極了，她覺得是自己害了峯軍，因此一度封閉了自己。後來，她意識到，只要自己認定了的事情，就不能再優柔寡斷了，優柔寡斷最終只會讓自己與幸福失之交臂。因此，她毅然請了一個學期的假，到峯軍的家鄉找到了峯軍，鼓勵峯軍與自己一起面對未來的生活。

拖拖拉拉、猶豫不決是很多女人難成大事的原因之一，她們總愛瞻前顧後，前怕狼後怕虎，在採取措施前往往拿不定主意，一定要去找人商量。結果是自己還在權衡事情的利弊得失的時候，別人已占據了先機，等再次抉擇時，就很難再趕上別人了。這是一種可怕的習慣，在這個競爭異常激烈的社會，優柔寡斷的人往往因為缺乏魄力、決斷力而錯過了成功的機會。

　　某公司在徵一名職員，這家公司待遇優厚、遠景很好，是很多人夢寐以求的。雯俐也想去試一試。

　　雯俐為了去還是不去躊躇了很久。去了的話，剛開始的時候薪水不如現在的公司高，而且它是知名的跨國公司，自己在學歷上並不存在優勢，而且長得也不怎麼好看……如果面試不過的話，有點沒面子。不去的話，又覺得機會難得，而且這個職位很適合自己，到大公司體驗一下，對自己的能力提升是大有幫助的。

　　就在雯俐猶豫不定的時候，她的好朋友麗芳跑來興高采烈地告訴她，自己去那家大公司應徵，而且還被錄用了。

　　雯俐後悔莫及，因為麗芳不管是能力還是經驗、工作業績都不如自己，如果自己也去應徵，那麼，這次成功的人必定就是自己了。但是，後悔又有什麼用呢？

　　其實，許多事是應該用勇氣和決心去爭取的。即使最後未能如願以償，但採取行動本身就增加了成功的可能性。光想而不動，只能加重自己的優柔寡斷，從而進一步懷疑自己的能力，就會永遠停留在原來的位置而毫無起色。

　　機會只敲一次門，對於一個渴望成功的女人來說，猶豫不決、優柔寡斷是一個陰險的仇敵。在它還沒有傷害自己、限制自己之前，妳就要即刻把這一敵人置於死地。不要再等待、再猶豫，絕不要等到明天，該開始的時候要即刻開始。

　　現在的時代是一個需要果斷的時代。果斷，是一種性格，也是一種氣質，它會讓身邊的人體驗到雷厲風行的快感。果斷更是一種境界，只有果敢行事、當機立斷的人，才會讓人欽佩、羨慕、信賴並從中獲得安全感。作為女人，若想得到命運的垂青，獲得成功的機遇，就應該培養出果斷幹

練的個性，只有這樣，才能掌握得住人生中的各種機遇。

那麼，女人應該如何改變優柔寡斷的毛病呢？

首先，要培養自主、自立的能力。

其次，要拓展自己的知識面，開闊自己的視野。俗話說「有膽有識」，增加自己的學識有助於克服自己優柔寡斷的缺點。

最後，要有主見，學會思考，不要總是聽從他人的意見。在進行周密的思考後，要勇於大膽地做出決定。

▌「虛榮」蒙蔽了女人的雙眼

人人都有自尊的需要，都希望自己能在社會生活中得到別人的尊重和讚賞，從而產生對個人的聲譽、名望、威信的強烈需求。女人對於這方面的需求可能更強烈一些，若是這種需求過於強烈了，自尊可能就變質成了「虛榮」。一個女人一旦染上了「過於虛榮」的毛病，就連那為人敬重的可貴的自尊也變得面目猙獰了。

虛榮心強的女人，會因為一個羨慕的眼神神舒心悅，會因為一句大而無當的恭維眉開眼笑，還會因為一句言過其實的讚譽沾沾自喜，更會因為一個毫無實質意義的頭銜引以為榮……為了追求那些華而不實的東西，為了得到別人的「羨慕」與「讚賞」，女人們盲目攀比，無節制地追求物質與名利，最終使自己的生活陷入窘境。

薔薔是個漂亮的女生，圓圓的大眼睛，笑起來還有一對可愛的小酒窩，從小就特別討人喜歡。小的時候，薔薔的爸爸問薔薔：「妳有什麼理想呀？」薔薔哪裡知道什麼是理想，但她知道她最大的願望就是別人都喜歡她、讚美她、寵愛她。

為了這一個「理想」薔薔從小就比別的孩子努力。她用心學習，積

極表現，每年都是「模範生」。高中畢業，薔薔如願以償地考上了知名大學，她終於鬆了一口氣，總算沒有給父母丟臉。

到了大城市，薔薔接觸的人更多了，很多男生經常奉承她，說她漂亮。她表面上不在意，心裡其實很高興。同宿舍的女生很多都是有錢人家的孩子，吃穿都是名牌，而薔薔家境小康，在物質上遠遠落後於那些女生，她開始有些不平衡了。憑什麼她們可以打扮的漂漂亮亮的，坐著小轎車跟男生出去約會，自己就不能呢？

同宿舍有個女孩叫玫玫，思想很開放，穿著大膽，在社會上也交了不少的朋友。玫玫經常對薔薔說：「妳這麼漂亮，年輕的時候不好好利用自己的本錢，過期就作廢了。不如妳跟我多出去見見世面，多認識一些有錢的朋友。」薔薔思考了很久：即便大學畢業，一切也需要從零開始，不如趁現在有機會，跟玫玫出去認識一些人也不錯。

這一年的暑假，薔薔沒有回家，而是按照玫玫的介紹到一家歌舞廳去打工。她從客人們的眼中真正感受到了女孩子漂亮的價值，簡直不費吹灰之力，錢就賺到手了。雖然她從內心鄙視這樣的做法，但因為虛榮，她太想要和別人一樣穿得漂漂亮亮，穿著名牌用著蘋果電腦了。就在這種虛榮心的驅使下，薔薔一步步地走向了墮落……

培根說過：「一切惡行都圍繞著虛榮心而產生，而且都不過是虛榮心的一種表達方式。」這話並不過分。虛榮是一種虛幻的花環，看似光彩耀人，但它卻能讓人的心靈變質，讓人生糜爛、墮落。虛榮心強的女人在得不到虛榮的甘霖滋潤時，會想方設法謀取自己的榮耀。不少女人正是在虛榮心驅使下，走上了犯罪的道路。

茉莉是一位來自山區的大學生，不僅長得漂亮，而且勤奮好學。剛進大學時，她總是想著家裡的經濟困窘，父母的操心勞累，所以只顧著埋頭

學習，一心想用優異的學習成績來報答父母。因此，她成了全系幾百名同學中的佼佼者，還獲得了一筆獎學金。然而，當她穿著簡樸的衣服出現在那些時髦、闊氣的同學面前時，她感到自慚形穢，內心有一種深深的自卑感。

為了擺脫這種自卑，茉莉開始利用閒暇時間出去打工，給孩子補習，到餐館當服務生。然而，做臨時工的收入實在太低了，於是，在一次給學生補課的間隙，她趁學生不注意，悄悄潛入了學生家長的臥室，偷走了床頭櫃裡那疊厚厚的現金，因此被送上了法庭，鋃鐺入獄。

茉莉因為過於虛榮而落入法網，這樣的悲劇讓多少人為之嘆息。一個正值青春妙齡的女大學生，如果不是因為虛榮，怎麼會毀了自己的一生？

對於女人來說，過度的虛榮非但不能帶來幸福和滿足，還會殘害身心，讓她痛苦不已。這些過於虛榮的女人表面上表現為被強烈的虛榮束縛，其深層心理卻是一種潛在的自卑感。她們對於自己缺乏信心，卻又希望自尊心能得到滿足，於是竭力追求那虛假的榮耀，內心卻極度空虛。表面的虛榮與內心深處的自卑總是不斷地在鬥爭著：一方面在沒有達到目的之前，為自己不盡如人意的現狀所折磨；另一方面即使達到目的之後，也唯恐自己的真相敗露而恐懼。一個人如果永遠被這至少來自兩方面的矛盾心理所折磨，她們的心靈總會是痛苦的。虛榮的女子很少有自知之明，就如同《伊索寓言》中極富虛榮心的荷米斯，但結果他的像卻只配做雕像者送給顧客的一個贈品。

在這個五彩繽紛的世界裡，作為女人若想獲得幸福，便要抵制外界的各種誘惑。讓心靈遠離虛榮，才能不讓浮華的雲朵遮住自己的目光，不讓自己的人生因此而短路。

▌「嫉妒」只會阻礙進步

生活中隨處可見這樣的情況：一個女人會因為另一個女人的美貌、才華、氣質、能力而產生嫉妒之心。嫉妒是差別和比較的產物，它是一種消極的心理活動。一個喜歡嫉妒的女人總是拿別人的優點來折磨自己。別人年輕她嫉妒，別人長得好看她嫉妒，別人身材好她嫉妒，別人有才學她嫉妒，別人富有她嫉妒，別人的丈夫帥氣她嫉妒，別人學歷高她也嫉妒……生活在嫉妒之中的女人，因為心理總是有不平衡，有落差，所以她們活得很被動、很辛苦、很可笑、很可悲，也很愚蠢。

在南亞就曾流傳著這樣一個故事：

上帝告訴一個愛嫉妒的女人，上帝可以滿足她的一個要求，賜給她她所要求的任何一樣東西。條件是：給她鄰居家的那個女人雙倍同樣的東西。

這個女人一聽說鄰居家的女人會因為自己的要求而不費吹灰之力便得到雙倍的同樣的東西，心裡非常不平衡。她想了想，只好做出了一個痛苦的決定：「神聖的上帝呀，請挖掉我的一顆眼珠吧！」

這個故事看似荒誕，但卻反映著一個事實，心存嫉妒的女人不惜傷害自己也不願意別人比自己過得如意。這是一種可怕的扭曲心理。一個女人一旦陷入嫉妒的深淵，任憑嫉妒的情緒泛濫，最終不但害人還將害己。

陳阿嬌，是漢武帝劉徹的第一任皇后。她的母親是館陶長公主，也是漢武帝的姑母。陳阿嬌美麗嬌豔，與劉徹兩小無猜，劉徹一直寵著阿嬌，讓著她，曾鑄造金屋讓她居住。即使她任性胡鬧，甚至於無理衝撞，他也克制著，最大限度地寬容著這位嬌豔迷人的表姐。

然而，當劉徹從一個少年長成一個富有魄力和智慧的一代天子時，他漸漸發現，從前那個光彩照人的阿嬌不過是個刁蠻任性的貴族女子罷了。

和她在一起，他常常覺得很不輕鬆，甚至於有些厭惡。漢武帝漸漸對她失去了耐心，轉而移情於他人。

因為阿嬌不能生育，未曾給武帝生育子女，性情便更加暴戾，而且總把劉徹登上皇位的功勞算在自己的母親館陶公主的身上，這倒也罷了，每次吵架還總是提起這個，漢武帝對她越來越厭惡。劉徹一天天地遠離阿嬌，感情也日漸疏遠。阿嬌苦熬著一個個漫漫長夜，眼睛紅了，眼圈發黑，臉色灰白，容顏憔悴。

後來，因為漢武帝寵愛的衛子夫懷了身孕，阿嬌更是懷恨在心，非常嫉妒，於是她在糊塗之中乞求於巫術。阿嬌請一名巫婆在後宮擺壇請神，作法令咒，詛咒衛子夫，乞求神賜給她兒子，並乞求漢武帝能對她回心轉意。此巫術之事傳到漢武帝耳朵後，漢武帝最忌諱「巫蠱」，於是大發雷霆，下令立即查辦，處死行巫術之相關人士三百多人，廢皇后陳阿嬌，貶入長門宮。從此，阿嬌被幽禁於長門宮內，終日以淚洗面。

因為自己的嫉妒，陳阿嬌不僅沒能擊倒別人，最終還害了自己。喜歡嫉妒的女人往往有點傻，因為嫉妒對其本人沒有一點好處，只能使自己整天生活得不開心，甚至失去自我。聰明的女人應該懂得及時收起自己嫉妒的火焰，以免被自己的嫉妒灼傷。

嫉妒並非女人的天性，但女人確實愛嫉妒。女人的嫉妒，源自女人的缺乏。很多女人愛嫉妒不是因為自己對另一個人的不滿，而是因為對自己所欠缺的東西的不滿，但卻又害怕正視這一不滿。

事實上，嫉妒是弱者的激情，因為她除了忌妒還是忌妒，做不出什麼能使自己感到自豪，使自己的心理變得平衡的事。強者以理智、道德、大局為重的心胸掌握自己、約束自己，用競爭心、進取心改造和取代忌妒心，用光明的奮鬥驅散忌妒的陰影。弱者以冠冕堂皇的說詞掩蓋自己的報

復心、惡毒心。誹謗和中傷是她們的生活方式，漸漸地，她們活著的目的不是為了自己要做什麼，而是為了不讓別人做事。不是為了自己要做出成績，而是為了不讓別人做出成績。嫉妒是可悲而又可怕的，一個愛嫉妒的女人最終妨礙的是自我。

劉芹是大三的女生，她的學習成績非常好，工作也非常積極，年年都是「獎學金」的得主。但是這一年，「獎學金」被另一位女生得到了，因為這位同學的媽媽得了白血病，需要錢，另一方面是這個女生各方面的表現也非常突出，因此班上的同學推薦了她。

沒有得到「獎學金」，劉芹對那位同學耿耿於懷，她憤憤不平地說道：「為了博取同情說媽媽得白血病，誰知道有沒有這麼一回事呢？」

劉芹的話讓班上的同學和老師大吃了一驚。誰也沒有想到，為了「獎學金」，這個在別人眼裡品學兼優的女生竟變得毫無同情心。

心理不平衡產生嫉妒。劉芹之所以嫉妒自己的同學，是因為她覺得自己付出那麼多，卻沒有得到「獎學金」，因此心理不平衡。不平衡的心理讓劉芹變得面目可憎起來。這就是嫉妒的可怕所在。作為女人，一定要經常調整好自己的心態，切勿讓自己把自己變得醜陋不堪。莎士比亞就曾警告過：「您要留心嫉妒啊！那是一個綠色的妖魔，誰做了它的犧牲品，誰就要受它的玩弄。」

其實，嫉妒的心理是可以克服的，克服嫉妒心理應該注意以下八項：

◆ **提高道德修養**：封閉、狹隘意識使人鼠目寸光，因此，應該不斷地提高自身道德修養，不斷地開闊自己的視野，與人為善。

◆ **正確認識嫉妒**：認為嫉妒是對自己的否定，對自己是威脅，損害自己的利益和「面子」，這只是一種主觀臆想。一個人的成功不僅要靠自身的努力，更要靠大家的幫助，嫉妒只會損人損己。

◆ **客觀評價自己**：當嫉妒心理萌發時，能夠積極主動地調整自己的意識和行為，從而控制自己的動機。這就需要客觀、冷靜地分析自己，找出差距和問題。

◆ **見賢思齊**：一個人不可能在任何時候都比別人強，人有所長也有所短。人固然應該喜歡自己、接受自己，但也要客觀看待別人的長處，這樣才能化嫉妒為競爭，才能提高自己。

◆ **看到自己的長處**：聰明人會揚長避短，尋找和開拓有利於充分發揮自身潛能的新領域，這樣在一定程度上補償了先前沒能滿足的慾望，縮小與嫉妒對象的差距，從而達到減弱乃至消除嫉妒心理的目的。

◆ **經常將心比心**：嫉妒，往往給被嫉妒者帶來許多麻煩和苦惱，懂得換位思考就會收斂自己的嫉妒言行。

◆ **轉移注意力**：積極參與各種有益的活動，嫉妒的毒素就不會滋生、蔓延。

◆ **學會自我宣洩**：最好能找知心朋友、親人痛痛快快地說個夠，他們能幫助妳阻止嫉妒朝著更深的程度發展。另外，也可以借助各種業餘愛好來宣洩和疏導，如唱歌、跳舞、練書法、下棋等。

不要自甘為「弱者」

有這樣一個故事，一個乞丐懶洋洋地斜躺在地上，在他面前放著一個破碗，旁邊還放著一根討飯棍。每天都有很多人在他跟前經過，有的人見他很可憐，就在他的破碗裡丟幾個硬幣。

有一天，在這個乞丐面前出現了一個穿戴整齊的年輕律師，這個律師對他說：「先生您好，您的一個遠房親戚不幸去世了，留下了 100 萬美元的遺產。根據我們的調查，您是這筆遺產的唯一繼承人，所以請您在這份

文件上籤個字，這筆遺產就屬於您了。」一瞬間，這個人從一無所有的乞丐變成了富翁。

有位記者採訪乞丐：「您得到這筆 100 萬美元的遺產後，最想要去做的是什麼事呢？」這個人回答說：「我首先要去買一個像樣一點的碗，再去買一根漂亮的棍子，這樣我就可以像模像樣地討飯了。」

乞丐終究還是乞丐。

什麼樣的心態決定什麼樣的人生。從這個故事不難看出：如果一個人心中沒有做強者的信念，那麼他永遠都是弱者。即便得到 100 萬美元，乞丐想到的還是該如何體面的做乞丐，難怪他一輩子無法掙脫討飯的命運。

生活中有很多女人，就像故事中的那個習慣於用「乞丐思維」思考問題的乞丐一般，習慣了「從屬」的地位，甘心做別人觀念裡的「弱者」。即便她們其實可以是一棵大樹，但卻放棄了長成一棵大樹的機會，依照世俗的標準，把自己捆綁在了男人這棵大樹的身後，最終變成了一棵沒有個性的藤蘿。

那麼，女人們為什麼要甘心當「弱者」呢？原因很簡單，她們誤解了成功的意義，對成功有一種畏懼的心理。她們認為女性要成大事就必須保持一副冷冰冰的面孔，會失去女性特有的似水柔情；認為一門心思放在事業上，就會失去丈夫的愛，影響家庭和睦與溫馨等。在這些心理作用下，很多女性心甘情願地主動撤出職場，去固守自己的一片悠然自得的小天地，把事業上的輝煌「完全地」留給男人，自己成了一名為他人喝彩的觀眾。正因為心中怕做強人，所以這些女人注定就是弱者。這是許多女人的悲哀所在。

怡青是位怨婦。剛滿剛 35 歲的女人，成天像個大媽似的絮絮叨叨花心丈夫的諸多出軌之事。

　　與她一起的姐妹們早已拍案而起，告訴她：妳那個畜生老公早就應該被踢得遠遠的，妳還能容忍他一而再、再而三地傷害妳？然而，每當說到離婚的時候，怡青就猶豫了，因為不想讓孩子成為單親家庭的孩子；因為自己的經濟能力不行，還需要倚仗她的財大氣粗的老公……

　　姐妹們火了：「妳的意思就是沒有了他，妳們母子就活不了了？」

　　「不是活不了，妳也知道我自從結婚到現在都沒有工作過，妳讓我離婚以後靠誰去？」

　　時間久了，怡青的那些朋友也就懶得搭理她了。

　　生活中，像怡青這樣的女人並不少見，由於對自我認識的侷限性，更因為受到周圍環境的制約，她們很容易把自己定義為「弱者」。一個自認為是「弱者」的女人，她的人生就是一種悲哀。

　　還有一些女人，即便有機會不必依附他人，但她們同樣缺乏當「強者」的勇氣，缺乏成功者的心態，因此，她的人生同樣是碌碌無為，缺乏精彩之處。

　　曉林在醫學院畢業以後曾為了自己的將來煩惱了一陣子：像自己這樣學醫學的人，每年畢業生數以千計，殘酷的就業競爭，我該怎麼辦？進入到一間好的醫院就像千軍萬馬過獨木橋，難上加難。而且即便進了一家好醫院，同樣會遇到各種各樣的麻煩和人際紛擾，還不如在一家小醫院待著自在。

　　因為害怕失敗，不喜歡麻煩，曉林主動放棄了競爭，選擇到一家收益不怎麼好的醫院。曉林每天該上班的時候上班，該下班的時候下班，時間一晃而過，曉林也結婚生子了，日子過得不好也不壞。在與昔日的同學聯絡的時候，曉林發現那些曾經在學校裡成績不如自己的同學都在一些大醫院混出了名堂，有的還當了專家。

曉林的心開始隱隱有些失落了。

俗話說：「妳想成為什麼樣的人就能成為什麼樣的人。」事實的確是如此，故事中的曉林害怕競爭，害怕挑戰，安於現狀，所以她的人生波瀾不驚，生活過得不好也過得不好。這種不好不壞的生活狀態是大多數女人的生活常態。因為沒有對成功的渴望，沒有追求，因此，這些女人永遠不可能體驗到成功帶來的快感。只有那些有自信，永遠保持積極心態的女人，才能成就一番事業，活出自己人生的輝煌。

態度決定一切！「我想做事，而且我能做好它！」—— 這就是女人們需要的態度。

對於那些不停地抱怨現實惡劣的女人來說，不能稱心如意的現實，就如同牢籠，既束縛手腳，又束縛思想，因此常屈從於現實的壓力。而那些真正成大事的女人，則敢於用積極的行動去挑戰現實，在現實中磨煉自己的生存能力。對於女人來說，選擇了自信，就等於站在了成功的起跑線上。而倘若自甘為弱者，就永遠沒有成為強者的可能。

怯懦讓女人失去成功的良機

生活中，大多數女人的心裡都多少有點恐懼權力，所以她們一旦掌握權力，其行動總是顯得蒼白無力。女人的怯懦的行為導致她們最終失去機遇，並且一錯再錯。只有果斷行動，敢於抓住機遇的女人，才能成就自己的事業。

然而，現實生活中，女人們缺乏的還是強悍的內心和果斷的行動力。她們總是時時擔心自己還不夠強，害怕自己沒有足夠的能力面對挑戰。因此，總想隱藏自己，躲在幕後。

緻雲是一位女性主管，管理著許多員工，她總有些力不從心。她說：

「在我底下做事的有 6 個人，都是男性。因為我比他們都清楚工作的內容、性質，所以受他們尊重。可是，如果他們有人出了錯，我批評指正的時候還是得小心翼翼的。我只能說『我們這裡出了點小問題……』而不能說『你的業務出了點小問題』。他們會認為這種話說得太重了，會覺得面子上下不來。總之，我甚至連下命令都不敢。可是我希望我管轄的部門有突出的成績，最終，我只有半哄半勸，有時候別人犯了錯我也去承擔一份，以免他們認為我太苛刻。」

緻雲從世俗的觀念中認識到，女人展示能力通常都會吃虧。被管轄的男人會報復，有時候報復的方式還非常幼稚無聊。

她說：「我一向很謹慎，不敢表現自己的才能。我明白自己比他們都強，卻不能公然有這種表示，甚至表現得與他們一樣都不行。」

緻雲之所以恐懼表現出能力，那是因為在男性為中心的社會，這樣做會被孤立。她又說：「其他女同事的反應也一樣。女職員很難信任位置高於她們的女人，由於早一步升到主管，對她們構成一種壓力。她們覺得有一個女人升上主管之後，她們就再也不可能有升遷的機會了。」

這位女主管的遭遇並不特殊。不只是在商業方面，在學術、政治等方面也是一樣。女人若想獲得機會和進步是不容易的，因為她不容易得到一般人的認同。

從小，父親和兄弟就會處處給女孩子一些限制，造成她的恐懼心理。如果日後能夠克服這種恐懼，克服造成恐懼的環境壓力，女人會發現她對權力的需求和男人其實是一樣的。

在我們的社會中，如果有一位女人在事業上成功了，一般人總會認為她在根本上已經喪失了某種氣質。從青少年時代，男性受的教誨是：拿出男子氣概來對抗難題；女人聽到的訓示卻是：不要那麼男孩子氣地對抗難

題。一些文學、民俗、習慣，都把女人塑造成被動、軟弱，需要保護。所謂的女人氣質是要求女性依附男性而生存，不論在家中，在工作環境裡，都要服從男性。

因此，一般女性在遇到機遇時便會表現出畏縮不前和猶豫不決。可是，機遇和財富是不會等人的，它稍縱即逝，就像天邊滑過的流星。

女人，妳還在等什嗎？勇敢起來，它絕不會因為妳抓住了它而降罪於妳，它是上帝賜予每個人最珍貴的禮物，只有具備行動果斷，敢於抓住機遇的人，才能夠成為強者，成就偉大的事業。

怯懦只會使女人喪失自己，找不到成功的快樂。

▍無謂的紛擾消耗了能量

在非洲草原上，有一種不起眼的動物叫吸血蝙蝠。牠的身體極小，卻是野馬的天敵。這種蝙蝠靠吸動物的血生存，牠在攻擊野馬時，常吸附著在馬腿上，用鋒利的牙齒極敏捷地刺破野馬的腿，然後用尖尖的嘴吸血。無論野馬怎麼蹦跳、狂奔，都無法驅逐這種蝙蝠。蝙蝠卻可以從容地吸附在野馬身上，落在野馬頭上，直到吸飽吸足，才滿意地飛去。而野馬常常在暴怒、狂奔、流血中無可奈何地死去。動物學家們在分析這一問題時，一致認為吸血蝙蝠所吸的血量是微不足道的，遠不會讓野馬死去，野馬的死亡是因牠暴怒的習性和狂奔所致。

細想一下，這與現實生活有著驚人的相似之處。在我們的生活中，那些能把一個人的意志徹底擊垮的，有時並不是什麼重大的災難。相反的，它們往往不過是一些微不足道的小事。

相對於男性來說，女性普遍比較敏感，心思比較細膩，也比較情緒化、愛較真。因此，她們往往更容易受到外界的干擾，更喜歡生一些無謂

的閒氣。因為生活中的大多數事情都是瑣碎、雜亂、沒有頭緒的，很容易耗費一個人的時間和精力，女人一旦把自己的時間和精力投放進去，就很容易被牽絆了手腳，以至於損耗了自己的能量，沒有時間致力於自身的「建設」，這是非常得不償失的。

素錦沒有什麼人生理想，也沒有確切的人生目標。但是，她很忙，忙孩子，忙老公，忙家事等等。素錦的老公很不喜歡素錦這樣，經常數落她沒有進取心。

素錦心裡不甘心，就猜測老公是因為外面有人了才嫌棄自己的，就成天跟老公鬧，有事沒事盤查老公，甚至跟蹤老公。她老公跟別的女人，哪怕是跟電梯裡的鄰居多說一句話，她都要問：「妳跟人家聊得那麼熱絡幹嘛？」

就這樣，好端端的一個家，被素錦鬧的分崩離析。

在素錦與老公離婚之時，她問老公：為什麼他們的婚姻無法維持了？她的老公疲倦地說：「不是其他，而是因為妳太瑣碎了！」

素錦一聽原因，哭得昏天黑地。因為瑣碎，她失去太多了。

素錦的失敗是她的無知、不思進取所致。一個聰明的女人，是不會一天到晚關注別人的情緒，關注他人的閒事的。她會關注自己的生活，用心經營自己的婚姻。比如，她會時不時地製造一點浪漫，她會努力學習一點對自己有益的東西，做一盤像樣的菜，學手工、學插花、學繪畫等。總是，她不會把自己的時間和精力浪費在無謂的紛擾之中。只有這樣，她才有生活的底氣和尊嚴。

謝婷自從有了孩子以後，就完完全全地變成了一個怨婦。她每天都很忙，忙著孩子，忙著家事，忙著與婆婆較勁，忙著生悶氣。謝婷覺得自己都快瘋了。

　　她找到自己的好朋友傾訴自己的心事。好朋友耐心地開導她：「妳一整天忙忙碌碌，哪些事情是可以不忙的呢？比如，生氣是不是可以不忙？較勁可不可以不忙？」

　　謝婷覺得朋友說的有道理，回到家之後，她不再動不動就生氣，每當婆婆說了什麼自己不願意聽的話，她就走開。婆婆說多了覺得無趣也就不再說了。謝婷覺得自己的處境似乎好了一點。但她還是很空虛呀！除了帶孩子，做家事，她的生活缺乏意義。這該怎麼辦呢？

　　朋友又建議她：「那妳就打扮打扮自己，多出去走走，玩一玩，做一些自己喜歡做的事情呀！」

　　謝婷又聽從了朋友的建議，她開始給自己買漂亮的衣服，每天把自己弄得清爽又漂亮，看著鏡子中依然年輕的自己，謝婷心裡的陰霾也隨著一空。她不再把自己關在家裡，而是經常帶著孩子到公園散步，找朋友聊天。孩子休息了，她還會寫文章、畫畫，生活逐漸充實了起來。她的氣順了，生活也隨之變得有滋有味起來。

　　等到孩子上了幼稚園，謝婷重新回到工作上時，她發現在家當主婦的幾年時間裡，自己不但沒有退步，在心智上還成熟了很多，而且接受能力更強了。這讓謝婷生活、工作更加稱心如意。剛回去工作半年，謝婷就被晉升為公司主管。

　　我們可以想像，如果謝婷像有些家庭婦女一樣，把自己的大部分時間和精力無休止地消耗在一些雞毛蒜皮的事情中，那麼，就算給她三年，甚至三十年的時間，她都不可能成長。

　　放眼當今社會，凡是得到別人尊敬的女性，都不會無謂地消耗能量在一些瑣事上，不會讓一些無謂的紛擾占據自己的人生。她們懂得在自己的生活中，哪些事情是重要且必要的，哪些是不重要的，或是無須勞神去忙

的。因為心中有主次，所以她們能騰出時間和精力，全力以赴認真地去做該做的事，因此，她們也就比別人更多了成功的機會和希望。

「急功近利」的女人最易失利

張愛玲曾說過「出名要趁早」，於是很多人把這句話當作至理名言來信仰。好似人生有多麼倉促，年少時不成功不出名就來不及了。可是張愛玲是誰呀！她從小就有著天才夢，17歲就說出「最恨一個天才女子突然結了婚」這樣的話來，她的出名是順理成章的，她的成功也是不可複製的。

然而，生活在這個急躁、浮誇成風的社會裡的現代人難免也著急了，因為競爭的壓力是實實在在存在著的，不「成功」，便可能「成仁」。為了追求所謂的成功，急躁的現代人開始「奔跑」起來。

成功、成績、成就是極具誘惑力的詞語，因為獲得它們就意味著「鎂光燈」，意味著從此被關注、被崇拜，意味著鮮花和掌聲……而這些，恰恰滿足了有些女人的虛榮心，迎合了她們的價值需求。為了「功」，為了「名」，為了「利」，很多女人一頭鑽進了死胡同裡。

追求成功雖然無可厚非，然而，如果為了所謂的成功，為了出名，把自己的尊嚴與人生的幸福都出賣了，這樣的「成功」其實比「失敗」更貶值。作為女人，我們可以追求成功，但不要因為膜拜成功而讓自己失去一些更為重要的東西。比如「道德」、比如「尊嚴」、比如「良知」。

那麼，什麼是成功呢？一位有知識、睿智的長者，就給了我們這樣一個答案：「其實不是所有得到結果的都成功，也不是沒有結果就失敗。成功藏在過程裡，將來回頭看，樂趣肯定不在最後撞線的那一下。結果就像是買東西的贈品，有了算是白賺得，沒有也不算什麼。」

就像長者說的那樣，成功只是結果，成長才是成功必經的過程。一個女人如果深諳這樣的道理，那麼，她便能懂得把成長作為人生的目標去完成，在成長中不斷地調整自己，不斷地變化、轉化，一步一腳印踏踏實實地做好想成功需要做的每一件事情，蓄積成功需要的力量，只有這樣，她才能最終品嚐到成功甜美的果實。

┃ 有成長才可能成功

這是一棵蘋果樹和一棵梨樹的故事：

一棵蘋果樹終於開花結果了，它非常興奮。

第一年，它長了 10 個蘋果，9 個被動物摘走，自己得到 1 個。對此，蘋果樹憤憤不平，於是自斷經脈，拒絕成長。

第二年，它長了 5 個蘋果，4 個被動物摘走，自己得到 1 個。「哈哈，去年我得到了 10％，今年得到 20％！翻了一倍。」這棵蘋果樹心理平衡了。

而它旁邊的梨樹第一年也長了 10 個梨子，9 個被摘走，自己得到 1 個。它繼續成長，第二年結了 100 個果子。因為長高了一些，所以動物們沒那麼好採摘了，它被摘走 80 個，自己得到 20 個。與蘋果樹同樣從 10％到 20％，但果子的數目相差 20 倍。

第三年，梨樹長了 1000 個果子，而蘋果樹依然只長了 10 個蘋果⋯⋯

也許，蘋果樹不知道結了多少顆果實其實不是最重要，最重要的是，自己是不是在成長，只有成長為參天大樹，才有可能收穫更多的果實。一念之差，貶損了自己的生命價值。這是蘋果樹的悲哀。

生活中也有很多的「蘋果樹們」。剛開始工作的時候，這些「蘋果樹」才華橫溢，意氣風發，相信「天生我才必有用」。但現實很快敲了他們幾

個悶棍：為公司做了貢獻沒人重視，只得到口頭重視但卻得不到實惠，薪水不見增加……總之，結出的果子自己只享受到了很小一部分。這讓「蘋果樹們」非常鬱悶：為什麼付出沒有回報？為什麼？為什麼？為此，「蘋果樹們」很憤怒、懊惱、滿腹牢騷……最終，他們決定不再那麼努力，讓自己的所付出的只對應自己所得到的。與此同時，他們曾經的激情和才華也在慢慢消退，最後停滯了。

這樣的令人惋惜的故事，在我們身邊還有不少。之所以演變成這樣，是因為很多人忘記生命是一個歷程，是一個整體。總覺得自己已經成長過了，現在是到該結果子收穫的時候了。他們因為太過於在乎一時的得失，而忘記了成長才是最重要的。成長了，成功也就隨之而來。

有一個年輕人在一家外貿公司工作了 1 年，而且苦活都是他做，薪水卻是最低。他曾試探性地與老闆談了談待遇，但老闆沒有任何給他漲薪水的跡象。

這個年輕人本來想混日子過算了，同時騎驢找馬另尋他路。當年輕人把自己的想法告訴了一個年長的朋友，他的朋友建議他：「出去試試也不錯，不過，你最好利用現在這個公司作為鍛鍊自己的平臺，從現在開始努力工作與學習，把有關外貿的大小事務盡快熟悉與掌握。等你成為一個能人之後，跳槽時不就有了和新公司討價還價的本錢了嗎？」

年輕人想想朋友的建議也有道理：利用這樣一個有薪水的學習場所，也不錯。

又是一年後，朋友再次見到了這位昔日不得志的年輕人。一陣寒暄過後，他問年輕人：「現在學的怎麼樣？可以跳槽了吧？」年輕人在興奮中夾雜著一絲不好意思，回答道：「自從聽了你的建議後，我一直在努力地學習和工作，只是現在我不想離開公司了。因為最近半年來，老闆給我又

是升職，又是加薪，還經常表揚我。」

看看，這就是一個「成長」的人的收穫。一個人「長得越大」，別人就越不敢怠慢自己。退一步說，即使被怠慢了，自己擁有一身好武藝，也不愁沒前途。

對於女人來說，若想獲得成功，就需要不斷地學習、提升自己，不斷地修煉、調整自己，即不斷地「成長」。一個女人只要學會自己成長，把成長作為人生目標去完成，成功也就隨之而至。

放眼當今社會，那些能真正吸引別人目光，得到他人尊敬的女性，都充滿了生命的張力和對生活孜孜不倦的追求。因為有追求，所以不斷成長、成熟、圓融，充滿了魅力。

一個缺乏成長、缺乏內在修為作為底蘊的女人，一旦她曾經光鮮的外表衰退了，她將要面對的即是悲慘的人生際遇。因此，女人，別忘了成長。只有不斷成長，不斷地修煉、提升自我，才能使自己的魅力永存，才能讓自己立於不敗之地。成長，是女人獲得幸福人生的生活法則，是女人贏得成功人生的關鍵。

第二章　找回真實的自我

　　一個女人若想獲得成功，她首先需要有一個完整的自己，即有一個真實的「自我」。認識自己，關愛自己，肯定和接納那個並不完美的自我，叩問自己的內心，遵從自身的需要，努力去追求自己想要的生活……只有這樣，她才不會在浮躁的社會氛圍中迷失，更不會在市井的庸俗生活中沉淪。

　　她有更多的時間去開掘自身的稟賦，讓自己的靈性得以解放，個性得以張揚，心智得到成長，生命價值得以實現。總之，自我，讓女人活得更精彩！

認識自己才能確定自我

老子說：「知人者智，自知者明。」這裡的「自知」指的就是「對自我的認知」。一個了解自己，熟知自己的能力與優缺點的女人才能更好地「確定自我」，發展自身的優勢，調整自己的人生方向，遵照自己的內心，過自己想要的生活。這樣的女人無疑是睿智的，她們有足夠的能力讓自己活得灑脫、活得愜意、活得有品質。

一位叫瑪麗的女子，由於先天營養不良，長到 100 公分左右身高就再也不長了。瑪麗為此也非常苦惱，但沒有因此而自怨自艾。

有一次，瑪麗出去逛街，差點被一個身高超過 200 公分的男子湯姆撞倒。瑪麗站在如此高的巨人面前，忘記了疼痛，也絲毫沒有自卑的神色，而且竟然還發現了一個商機。瑪麗想利用自己和這個湯姆身高的特點，開辦一個「巨人國和矮人國」樂園。

湯姆聽了瑪麗的想法後，覺得瑪麗很有見解，也很樂意與她合作。

於是，由本身就是活招牌的瑪麗和湯姆創辦的「巨人國和矮人國樂園」很快吸引了眾多的遊客參觀，他們因此而財源滾滾。

無論多麼平凡的荒原，只要我們進行開拓，它都能綠草如茵；無論多麼平凡的泥土，只要我們進行耕耘，就會有所收獲；無論多麼渺小的我們，只要肯去發現，也必然有自身的優勢。懂得認識自己，是一個女人確定自我人生的開始。

然而，並不是所有的女人都了解自己。生活中還有這麼一種女人，她們總是無法真正認識自己，缺乏正確自我評價的能力，因此，她們沒有辦法與現實生活中的那個「自己」和諧共處，經常陷入生活的漩渦，活得疲憊而困頓。

　　認識颯子的人都說颯子不成熟，對自己缺乏正確的認知。實際上也是，有些才氣的颯子總是自以為自己比別人聰明，她討厭以「勤勞」取勝，因為聰明的人不屑於此。最要命的是，她虛榮、懶惰、不思進取。工作的時候，大家都在埋頭苦幹，唯獨颯子很輕鬆，她先是打開電腦在「蝦皮」、「奇摩」上逛逛，看看有沒有看上眼的衣服；然後打開影片，一邊看影片一邊發笑；接著她又逛逛臉書，那裡有很多自詡「搞藝術」的人在寫書評，在談「高雅藝術」，在曬他們的尼采、佛洛伊德思想。終於到了可以工作的時間了，天哪，她發現自己的工作真的太沒意義、太缺乏創意了……她痛苦地發出張愛玲式的呻吟：「生活就像一席華美的袍子，上面爬滿了虱子……」

　　可想而知，颯子總是找不到一份可以做得長久的工作，不是被老闆炒了魷魚，就是她炒了老闆的魷魚。

　　後來，她想也許找個男人依靠才是自己真正的出路。她的思想總是超越現實，比夢想更激動人心。現在她才 25 歲，可是，再一個 10 年或者 20 年，她該如何收拾自己的人生殘局？那時候她是否已經從虛浮的雲端走到了地面上來了呢？

　　也許颯子真的應該醒醒了，多問問自己，要給自己一個什麼樣的人生？多反省反省，為什麼總被現實刺得鮮血淋淋？如果她能多點自省，也許她會更加明白如何去安排和處理自己與周圍世界以及與別人的關係，如何去做才能真正實現自身的價值。其實，每一個人的成長過程都是一個逐步認識自我、確定自我，從幼稚逐漸走向成熟的過程。「颯子」需要這個過程，其他人同樣也需要。

　　很多時候，女人不是不了解自己，而是對自己的評價與自身的情況偏差較大。比如有的女人對自己的評價過高，而有的女人對自己的評價又過

低。對自身評價過高的女人往往表現得盛氣凌人、不可一世；而對自身評價過低的女人卻又容易怯懦、退縮，缺乏自信。而若想縮小自我評價的偏差，就應該全面地認識自己、了解自己。做到既要認識自己的外在形象，如外貌、衣著、舉止、風度、談吐，又要認識自己的內在素質，如學識、心理、道德、能力等。此外，還要認識自己的長處和短處，優勢和劣勢。有了正確的自我認識，女人才能有勇氣面對紛繁複雜的社會，充滿信心地迎接生活的挑戰。

那麼，女人應該如何實現認識自我呢？以下是心理專家的建議：

描述妳自己。準備一張自己的照片和一張空白的卡片，把照片放在自己的前面以幫助自己集中注意力。在卡片上請寫下所有的妳能想到的可以用來描述自己的形容詞（包括褒義詞和貶義詞）。請想一想，自己到底是個什麼樣的人呢？

了解自己的興趣愛好。妳喜歡做什麼，不喜歡做什麼，如果妳有時間最想去做的是什麼事情？最不想做的是什麼事情？自己想做的事情與現實是否有衝突？妳會選擇自己的興趣愛好，還是為了現實去做自己不喜歡做的事情？如果妳要堅持自己的愛好，妳應該怎麼做？這很重要，因為一個人只有足夠了解自己，才能有機會為自己的愛好騰出一點空間。

描述自己的氣質類型。請想一想妳的氣質類型是哪一種。攻擊挑釁還是冷靜；喜歡社會交流還是比較孤僻；容易滿足還是比較苛刻；悠然自得還是緊張不安；外向開朗還是內向害羞；自我激勵還是需要外部驅動；機智靈活還是固執僵化；敏感還是遲鈍；只關注自己還是會去關心他人；獨立還是依賴。如果讓妳選擇，妳喜歡待在家裡，還是到戶外；做事情時，妳常常很安靜還是很活躍。

選擇妳最喜歡自己的特質。在妳的心目中，自己的哪些特質討人喜歡，哪些特質是妳最想保持下來的，請寫下自己所有積極的特質。

確認自己的優勢能力。不同的人具有不同的優勢，妳是屬於哪一類型的呢？了解有著不同優勢人群的不同表現。然後在符合自己的實際情況的能力上打上「√」。

◆ **語言占優勢**：喜歡閱讀、寫作以及講故事。透過看文字進行學習，掌握了相當多的訊息，詞彙量大，可以一字不差的記憶知識。

◆ **身體運動能力占優勢**：可以自如地控制身體姿勢，保持身體平衡，擅長體育，可以熟練地運用身體語言表現藝術性的活動，善於完成小肌肉活動任務（即精細動作任務）。

◆ **內省能力占優勢**：具有很強的自我理解能力，獨創性強。喜歡按照自己的興趣和目標獨自工作，具有明確的是非標準。

◆ **人際關係占優勢**：理解他人，具有很強的組織能力。有許多朋友，善於做決定和調解糾紛，喜歡參加社團活動。

◆ **音樂天賦占優勢**：具有良好的節奏感、音準感以及旋律感，並且伴隨音樂會做出反應。善於記憶各種旋律，能準確掌握時間，喜歡唱歌或是哼唱曲調，有的人還可以演奏樂器。

◆ **數理邏輯占優勢**：可以理解數字、模型以及邏輯關係，喜歡科學和數學。善於分類、提問、做實驗以及計算出結果。

◆ **空間能力占優勢**：喜歡繪畫、設計以及創造，而且喜歡想像和幻想。能清楚地記得自己看過的、讀過的地圖和圖表，擅長使用顏色和圖片進行工作。

◆ **自然認識智慧占優勢**：喜歡戶外活動，好奇心強，會把環境按照某種特徵進行分類。

透過優勢能力的自我覺察，妳也許會發現自己的優勢所在，這對妳要從事的工作很有幫助。

除此之外，女人還要正視自己的缺點。一個女人身上的一些弱點或者「頗具挑戰性的特質」可能會阻礙自己獲得快樂、滿足或是成功。了解自己的缺點，才能讓自己改正缺點的努力更具有針對性，也才會使自身的努力更有意義。

對於一個女人來說，如何認識自己，怎樣評價自己的能力，具有什麼樣的自我價值觀，樹立什麼樣的自我形象，直接地影響她們能否積極地適應社會、能否在生活中順利前進和發展、能否贏得幸福的人生。只有正確認識自己，總結自己，與真實的「自我」和諧共處，才能更好地調整自己的腳步，去過自己想要的生活。

▌最難得的是保持本色

偉大的戲劇大師莎士比亞曾說：「妳是獨一無二的。」事實也是如此，就像這個世界上沒有兩片完全一樣的葉子一般，妳永遠是妳自己，永遠有妳自己的獨特性。然而，並不是每個人都知道這一點，即使知道了，也未必就能確定這種特性其實就是最適合自己的。很多時候，我們總是盡量粉飾自己，讓自己看上去接近「完美」一些，而羞於做那個真正的自己。

阿雷德太太是個自卑而又敏感的女人，她總覺得自己太胖，樣子不夠漂亮，這讓她從小就養成退縮的性格。

生活中的她把自己封閉得嚴嚴實實的，即便結婚以後，她依然缺乏自信。她假裝很開朗，假裝不在意，但總擔心會被旁邊的人戳穿自己的「假面具」，這讓她過得非常不快樂！

有一天，阿雷德的婆婆跟她談自己怎麼教育幾個孩子的時候說道：「不

管事情怎麼樣，我總會要求他們保持本色。不論好壞，保持本色讓自己活得真實一點，自在一點！」

「保持本色！」一句話驚醒了夢中人，阿雷德在那一剎那才發現自己之所以那麼苦惱，就是因為她一直在試著讓自己適應一個並不適合自己的模式。

阿雷德後來回憶道：「在一夜之間我完全改變了。我開始保持本色，我試著研究我自己的個性，自己的優點，盡我所能去學色彩和服飾知識，盡量以適合我的方式去穿衣服。主動地去交朋友，我參加了一個社團組織 —— 先從一個很小的社團開始 —— 他們讓我參加活動，把我嚇壞了。可是我每發言一次，就增加了一點勇氣。今天我所有的快樂，是我從來沒有想到可能得到的。在教養我自己的孩子時，我也總是把我從痛苦的經驗中所學到的結果教給他們：不管事情怎麼樣，總要保持本色。」

「保持本色」，這是所有女性都應該銘記的一句話。因為，只有保持本色，妳才能獲得快樂，才能真正地活出自己。妳完全可以把鞏俐、張曼玉當作心中的偶像，完全可以驚嘆裘莉創造的驚人財富，但妳千萬不可因此而妄自菲薄，覺得自己一無是處，更大可不必自慚形穢。因為妳是妳自己，妳不需要成為別人。只要妳做好自己就可以了。妳可以唱妳自己的歌，畫妳自己的畫，做一個由妳的經驗、妳的環境和妳的家庭所塑造的妳。不論好壞，妳都得自己創造自己的小花園；不論好壞，妳都得在生命的交響樂中，演奏妳自己的小樂器。而有些時候，保持本色，做妳自己往往是成功的開始。

齊白石先生曾說過：「學我者生，似我者死。」在個人成功的經驗之中，保持自我的本色及以自身的創造性去贏得一個新天地，是有意義的。王菲就是一個成功的範例：

當王菲還是王靖雯的時候，她和舞臺上眾多的女明星沒有區別，大家對她的印象也是模糊的。當所有歌星、影星都沉醉於別人的吹捧時，唯獨她在鎂光燈下保持清醒和冷靜。除了天籟般的嗓音，她率真的個性和獨特的人格魅力，使越來越多的人認識並欣賞她，直至成為「天后」級的人物。王菲的成功在於她勇於在這個變化萬千的世界中保持自己獨特的個性。正是這樣的個性，使她在眾多明星中脫穎而出。

其實，她有她的優勢，妳有妳的特點，所以我們不應再浪費任何一秒鐘，去憂慮我們不具備其他人的某些特點，這完全沒有意義。

在這個世界上，每個人都是獨一無二的，都有自己的優點與不足，從容地接受真實的自己，包括自己的一切缺陷、過失、短處、毛病。與不完美的自己握手言和，努力地改掉自己的缺點，不斷完善自己，採取積極的態度、積極的行動，按照自己希望的那樣來塑造自己。只有懂得保持本色，活出自我的女人才能最大限度地感受到屬於自己的人生幸福。

總之，保持妳的本色，它會使妳一輩子受用。

▌獨立的女人最美

生活中常有些女人喜歡依賴別人。在結婚之前，她們習慣於依賴父母；結婚之後，她們又依賴自己的丈夫。

語濛念大學的時候長得特別漂亮。她老公超級努力才追到她。剛娶語濛那會兒，老公想方設法討好她。家裡的一切家事他全包了，他知道語濛最喜歡吃辣椒醬，就經常用辣椒醬給語濛做各種她愛吃的東西；語濛愛看電視連續劇，他就連自己喜歡的足球賽都不看了；語濛喜歡聽音樂會，他就拜託朋友買音樂會的票……總之，他算是任勞任怨，對語濛關懷備至了。語濛慢慢習慣了這種被人捧在手裡的感覺，她開始懶得做家事、懶得

做飯甚至懶得上班了。於是，她老公就勸她別工作了，反正自己的收入也
不錯，她做不做工作無所謂。

習慣了依賴老公的語濛開始了養尊處優的生活，她覺得自己就像個女
皇，可以讓老公為自己做任何事，但自己從來都不關心老公的感受。

直到有一天，有個「小姐」挺著大肚子找上門來，語濛這才從夢中驚
醒。但她實在不能理解，自己深愛的男人為什麼會背叛自己，而且找誰不
好，偏偏找上了個「小姐」呢？語濛開始歇斯底里起來，她哭，她鬧，她
甚至以割腕自殺要挾，要她老公離開那個「小姐」。

老公無奈地告訴語濛，這個「小姐」不是普通的「小姐」，她有恩於
他：因為語濛從來不關心他，也不過問他的事業，只知道逛街，去美容
院，根本不知道老公在事業上遭到了什麼樣的變故。他的合夥的人捲款跑
了，他失魂落魄，滿腹的心思無處說，就一個人到酒吧喝悶酒，於是就認
識了這位「小姐」。這個「小姐」是個聰明人，而且善解人意，她對語濛
的老公體貼入微，老公從她身上找到了自己從妻子身上找不到的溫柔與多
情。他深深地迷戀上了她，有什麼心事都找她傾訴。「小姐」知道他事業
不順，把自己多年的積蓄都拿出來幫助他，還經常陪他出去應酬，對付那
些難纏的客戶。在她的幫助下他才有今天的事業。現在她又有了孩子，他
就再也不能離開她了。他說請語濛原諒，放手！他會給語濛一筆錢作為
補償。

這下語濛才徹底傻掉了，她真的不知道失去了老公自己該怎麼辦……
經過再三斟酌，語濛知道自己確實應該放手了，挽留沒有意義，寄生蟲似
的生活其實早就應該結束了。

語濛離婚了，她離開了那個讓她傷心的城市，重新開始屬於她自己的
生活。

▌做一個有主見的女人

有這麼一則有趣的故事：

有一對父子，到市集上買了一頭毛驢。回來的路上，父親心疼兒子年幼不耐走，就讓兒子騎上了驢。

有人看見後說：「這小子真不懂事，年紀輕輕的自己騎驢，讓他爹在地下走。」兒子聽說後趕緊下來把父親請上驢背。

走了一段路，又有人看見後說：「這個當爹的太不像話，自己騎驢讓孩子步行。」父子倆只好都地下走。

這時，有人看到後譏笑：「這父子真是傻瓜，閒著牲口自己費力走。」父親一急，自己騎上驢後又把兒子拉上去一起走。

不料，有一個人鄙夷地喊：「這父子太不是個東西了，一點也不知道心疼自家的牲口，下輩子真該讓你們轉世成驢！」弄得這父子倆無所適從，氣惱至極。

他們乾脆把四條驢腿一捆，找根棍子抬著回家了……

這下可好，再遇見的人都用驚詫的目光看他們，彷彿在說：「這戶人家肯定腦袋壞了，要不然就是遺傳性的神經病！」

俗話說：「大風颳倒梧桐樹，自有他人論短長。」世界上的任何事情都不乏品頭論足的人。如果一個人沒有自己的定力、自己的主見，總受到外界言論的左右，就很容易對自己的行為乃至能力產生懷疑。輕則因此錯過了一個好機會，一段好姻緣，重則就可能毀掉人的一生。

小薇是個人見人愛的漂亮女生，有很多男生追求她。在眾多追求她的男生之中，有兩個男生很討小薇歡心。男生甲：蕭霖，玉樹臨風，風度翩翩，擅長打籃球，喜歡他的女生也不少，但他偏偏只喜歡小薇；男生乙：

溫文，人若其名，溫文爾雅，擅長寫詩歌、小說，是中文系有名的才子，浪漫而多情，心思細膩，是個不可多得的好男朋友人選。而他，同樣對小薇情有獨鍾。

選擇誰呢？小薇好為難，她經常找同寢室的女生出主意，可是女生們也是意見分歧的。有的人說蕭霖好，瀟灑、陽光；也有的人說溫文踏實、溫厚。於是她們建議小薇不然就先不要答應做誰的女朋友，與他們分別交往，最後再決定與誰建立真正的男女朋友關係。小薇有些為難：這不是腳踩兩條船嗎！是不是有些不好？可是也沒有其他更好的辦法呀。於是，她聽從了室友們的建議。

有一次，小薇與蕭霖出去約會，正好迎面碰到了溫文。小薇只好硬著頭皮迎了上去，別看溫文脾氣好，但他同樣也是有個性的男生，見小薇居然跟別的男生約會，氣得扭頭就走。小薇急著追上去解釋，把蕭霖冷落在一旁，蕭霖心裡百般不是滋味，索性也離開了。

此後，兩個男生誰也不來找小薇了。很快，他們就分別有了自己的女朋友。小薇很生自己的氣，可這都是自己沒有主見惹的禍呀！

缺乏主見、做事猶豫不決的女人都有一個共同點：遇事拿不定主意、猶豫不決、不果斷。更有甚者，總是喜歡人云亦云，盲目地附和眾議，缺乏獨立思考能力。在人際交流中，她們個性不夠鮮明，總喜歡無原則地迎合、遷就別人，而這種無原則地屈從他人的做法，喪失了自主行動的能力。因此，她們往往得不到別人的重視。

現實生活中，那些受人敬重、富有影響力的女人，都是一些既能為人著想，又不失有自己主見的女人。這種女人的人格魅力最為鮮明，也最能力排眾議，做出一番事業。

黛比從小就非常渴望得到父母的讚揚和鼓勵，但由於兄妹很多，父母

根本顧不上她。這種經歷使她長大以後依然缺少自信心。儘管她嫁了一個非常成功的丈夫，但美滿的婚姻並沒有改變她缺乏自信心的狀態。

　　直到有一天，她突然意識到必須選擇一條屬於自己的新路，否則就會庸碌無為地過一生。她對自己的父母和丈夫說：「我準備去開一家食品店，因為妳們總是說我的烹調手藝有多麼了不起。」她的父母和丈夫都告訴她說：「這真是一個荒唐的主意。妳肯定要失敗的，這件事太難了。別胡思亂想了！」但這一次，黛比沒有聽從他們的勸阻，而是毅然決然地採取了實際行動。

　　生意剛開始的時候的確很艱難，食品店開張的那一天，竟然沒有一個顧客光臨。黛比幾乎被冷酷的現實擊垮了。看起來自己似乎必敗無疑，她幾乎相信父母和丈夫的看法是對的。

　　不過，黛比沒有退縮。她決定堅持下去，並一反平時的羞澀，端起一盤剛剛烘製好的食品在她居住的街區，請每一位過路的人品嚐。這樣做的結果使她越來越自信，因為所有品嚐過她的食品的人都認為味道非常好。

　　今天，「黛比‧菲爾斯」的名字已經出現在美國數以萬計的食品商店的貨架上，她的公司「菲爾斯太太原味食品公司」，也已經成長為美國食品行業中最成功的連鎖企業。

　　世界上的任何事情，都不乏評頭論足的聲音。這個時候，作為有自信的現代女性，一定要努力培養自己的主見和獨立性，不要讓別人（或自己）的消極想法影響自己的行為和事業。

　　主見就是一種積極的人生態度、獨立自信的人格、寬容豁達的胸懷、堅韌不拔的品質、追求事業的執著。有主見的女人對自己的人生充滿了自信，她們有能力把自己的命運牢牢地掌握在自己的手裡。

　　那麼，什麼樣的女人才是有主見的女人呢？

首先，有主見的女人有充實的頭腦，有自己的判斷力，不會不經大腦就人云亦云，整天說三道四。

其次，有主見的女人，知道給自己一個空間，有追求、自信並永遠努力進取，周身散發著超然優雅的氣質，有水般的溫柔，面對激烈緊張的場面，可以以柔克剛，將劍拔弩張的爭鬥消弭於無形。

第三，有主見的女人能善待別人，寬容別人，從而贏得真摯的友情和關愛。面對他人的意見，她不盲目地聽信，碰到挫折時，她會勇於面對。她不懼怕別人的嘲諷，堅持個人的主見，毅然決然地走自己的路。

第四，有主見的女人懂得自己去分析判斷。在處理突發事件上，那些缺乏主見的人都會表現得手忙腳亂，不知所措。而有主見的人則會在這個時候保持冷靜的頭腦，鎮定自如，準確判斷，然後採取有效的方法解決問題。

第五，有主見的女人還懂得放開自己，懂得「捨得」。因此不會西瓜、芝麻一起抓，最後什麼都沒有得到。正因為如此，她們總能得到最好的、最適合自己的東西。

當然，有主見並不等於固執己見。有主見的女人懂得尊重他人，會細心聆聽他人的意見和建議，取其精髓，去其糟粕。

▌自信是女人永恆的魅力

一個人在人生的道路上能走多遠，在人生的階梯上能爬多高，在人生的戰場上能夠取得多大成就，除了許多不可避免的因素之外，自信心起著很大的作用。

自信心是情商的基石，是情緒智慧的重要組成部分，它對一個人一生的發展起著重要的作用。自信的女人能夠坦然地面對社會、面對生活賦予

她的一切，甜也好、苦也好、悲也好、喜也好、痛也好、樂也好，都有勇氣去承擔，即使遇到失敗或者殘缺的生活，也不會失去努力向好的方面發展的動力。她的自信，讓她即使沒有擁有最漂亮的外表，也能擁有最令人折服的內涵。

被譽為「臺灣主持界一姐」的陶晶瑩並不是很漂亮，但是她自信坦誠、大方熱情，既勇於接受自己的不完美，又能積極地表現自己出眾的一面。陶晶瑩的主持風格別出心裁，話題隨意，大家對她的評價是：在臺上表現得冷靜、成熟，很有大家風範，有思想，知書達理，溫文爾雅，評價問題客觀有理。在一次「臺灣十大完美女性」的評選活動中，陶晶瑩奪得冠軍。而陶晶瑩對此笑著說：「若真的在外表上來比較，我可能會輸她們一大截，但是我的魅力卻並不輸給她們！」

正是有了這份淡定、這份從容、這份自信，直到今天，陶晶瑩依然能夠活躍在螢幕上。就像蕭伯納說的：「有自信心的人，可以化渺小為偉大，化平庸為神奇。」陶晶瑩如此，古今中外那些創造了自己的精彩人生的不凡女性也同樣如此。

自信不僅僅是一種從容不迫的淡定，更是一種最堅強的內在力量。自信的女人處世必然樂觀進取，做事也一定主動積極，勇於嘗試。而信心也從未令女人失望，它會讓她發現自身的價值和潛能。

有一個墨西哥女人和丈夫、孩子一起移民美國，當他們就快到達目的地的時候，她丈夫不告而別，留下她和兩個待哺的孩子。

22 歲的她先是惆悵了一陣子，但看看孩子，她又毅然選擇了向前，她相信，只要自己努力，一定會擺脫困境。就這樣，她帶著孩子來到了加州，去了一家墨西哥餐廳打工，薪水不多，她盡量節約，因為她還有一個夢，那就是開一家墨西哥小吃店，專賣墨西哥肉餅。

　　有一天，她拿著辛苦存下來的一筆錢，跑到銀行向經理申請貸款，她說：「我想買下一間房子，經營墨西哥小吃。如果你肯貸款給我，那麼我的願望就能夠實現。」

　　一個陌生的外地女人，沒有財產抵押，沒有擔保人，她自己也不知能否成功。但幸運的是，銀行家佩服她的膽識，決定冒險資助。

　　她25歲起經營自己的墨西哥肉餅店，經過15年的努力，這間小吃店擴展成為全美最大的墨西哥食品連鎖經營店。這個女人就是羅曼娜·巴尤洛斯（Romana Bañuelos），她後來還擔任過美國財政部長。

　　這是一份自信帶來的成功。自信使她白手起家尋求生路，自信使她有了膽量，自信也給她帶來了機會和財富。任何人都會成功，只要妳肯定自己、相信自己一定會成功，那麼妳就能如願以償。

　　那麼，如何才能做一個自信的女人呢？

　　要自信，首先要做自己擅長的事情，並把它做得最好。一個人只有在做自己擅長的事情的時候，才能做得得心應手，也才能在做的過程中體會到被認可的幸福與滿足感。這種滿足感無疑是建立自信心的良藥。

　　其次，不要總拿自己跟別人比，更不要拿自己的缺點跟別人的優點比。要知道自己有自己的獨特長處和與眾不同的個性，只有發展自己的長處，修正自己的短處，才能避免陷入自卑的陰影中。

　　再次，經常給自己積極的暗示，告訴自己「妳可以的」、「妳能做好」，這是妳在自己大腦中首先要設定的前提。經常暗示自己「妳可以的」能夠增強自身良好的潛意識。為了做好這件事情，妳一定會調動自己所有的精力去做這件事情。自然就有可能獲得成功。而這種成功就是對自己能力的再一次肯定，是獲得自信心的心理催化劑。

　　最後，不要把「別人的過錯」當成自己的。一個人失去自信，多半是

因為事業或感情出了問題。而女性的自信心崩潰，通常都是由於感情上遇到了挫折，美女也不例外。女人感情受挫時，最容易否定自己。這種對自我的誤導會讓女人從此一蹶不振，看輕自己，喪失對未來美好生活的追求。因此，作為女人，一定要做到看問題要一分為二，不是因為妳不夠有魅力而使他不再愛妳，而是他錯過了妳，這是他的損失。

山因蘊玉而輝，水因懷珠而媚，女性因自信而美。自信可以為女人的魅力加分，尤其是人到中年後，青春不再，如果沒有自信與落落大方的氣度，無論曾經多美麗，也會因歲月的流逝失去光彩。我們天生的容貌是自己決定不了的，但後天的容貌卻可以掌控。妳的知識，妳的涵養，妳的性格，完全可以從妳的面容上呈現出來。如果妳自信，那麼妳將從內而外散發出堅定與自信的光芒，這種光芒足以把人生照亮！

▍知道妳自己要什麼

是的，作為女人，若想要自己的人生與眾不同，就應該知道自己想要的是什麼。

劍橋郡的世界第一位女性打擊樂獨奏家伊芙琳·葛蘭妮（Evelyn Elizabeth Ann Glennie）說：「從一開始我就決定：一定不要讓其他人的觀點阻擋我成為一名音樂家的熱情。」

她出生於蘇格蘭東北部的一個農場，從 8 歲時她就開始學習鋼琴。隨著年齡的增長，她對音樂的熱愛與日俱增。但不幸的是，她的聽力卻在漸漸地下降，醫生們斷定是由於難以康復的神經損傷造成的，而且斷定到了 12 歲，她將徹底耳聾。可是，她對音樂的熱愛卻從未停止過。

她的目標是成為打擊樂獨奏家，雖然當時並沒有這一類音樂家。為了演奏，她學會了用不同的方法「聆聽」其他人演奏的音樂。她只穿著長襪

演奏，這樣她就能透過她的身體和想像感覺到每個音符，她幾乎用她所有的感官來感受著她的整個聲音世界。

她決心成為一名音樂家，而不是一個「聾子」，於是她向倫敦著名的皇家音樂學院提出了申請。

因為從來沒有一個聽力障礙的學生提出過申請，所以一些老師反對接收她入學。但是她的演奏征服了所有的老師，她順利地入了學，並在畢業時榮獲得了學院的最高榮譽獎。

從那以後，她便成為第一位專職的打擊樂獨奏家，並且為打擊樂獨奏譜寫和改編了很多樂曲，因為那時幾乎沒有專為打擊樂而譜寫的樂曲。

羅斯福總統的夫人曾向她的姨媽請教對待別人不公正的批評有什麼祕訣，她姨媽說：「不要管別人怎麼說，只要妳自己心裡知道妳是對的就行了。」避免所有批評的唯一方法就是只管做妳認為對的事 —— 因為妳反正都會受到批評的。

作為女人，如果能夠做到忠於自己的內心不動搖，就再也沒有什麼能夠擊垮她了。這樣的女人活得灑脫，活得超凡脫俗，也活得比他人淡定、從容。

被譽為「世界上最酷的總統夫人」的瑟西莉雅（Cécilia Attias）是法國總統薩科吉（Nicolas Sarkozy）的第二任妻子，但在薩科吉被選為法國總統之後不久，她決意要離婚，因而成為史上任期最短的總統夫人。

瑟西莉雅接受採訪時表示，自己是一個低調、喜歡寧靜生活的人，非常不喜歡「站在聚光燈下」，而「第一夫人」的身分令她感到困擾，她寧願穿著牛仔褲到處走。瑟西莉雅曾說：「如果妳和一個政治人物結婚，妳的私人生活和公眾生活就合二為一了，這是諸多問題的開始。有朝一日，妳在夫妻關係中不再感到自在，夫妻關係不再是妳生活中的基本內容，婚

姻就不能再維持下去了。」

　　或許妳很難為多變的瑟西莉雅喝彩，然而有誰的一生，敢這樣為自己的意願而活？敢這樣瀟灑地從最華麗的位子上離開？瑟西莉雅做到了，至少單憑這超乎凡人的勇氣就已經讓人佩服了。

　　當然，忠於自己，還應該愛自己，永遠不因為別人的背叛放棄自己。

　　徐志摩在邂逅林徽因後，便登報休掉了他的原配張幼儀。這對於一個舊時代的婦女來說，是多大的羞辱和難堪呀！但是張幼儀並沒有放棄自己，而是學做一個新女性。她發憤讀書，留學德國。後來她回到上海後做了銀行的副總裁，還在雲裳服裝公司擔任總經理。她堅強、獨立、幹練，「雖生平殊少歡愉，但並沒寂寞黯淡，反而活得精彩」。

　　亦舒曾說：「人生短短數十載，最要緊的是滿足自己，不是討好他人。」對於女人來說，在喧譁的塵囂中保持靈魂的獨立，忠於自己的內心做自己想做的事情那是十分難得的。而像張幼儀這樣忠於自己的內心，不放棄自己的女人更是值得世人尊敬的。

　　無論如何，請妳一定要做忠於自己的女人，不管其他人如何看待，都要忠於自己的內心，要對自己坦誠，永遠不放棄自己，要相信自己。忠於自己的心，是對自己負責，亦是誠實品格的深層次展現。忠於自己的內心的人，對自己的生命負責，千萬不要因他人的論斷而束縛了自己前進的步伐。追隨妳的熱情，追隨妳的心靈，唱出自己的聲音，世界因妳而精彩。

▋妳不必期許所有人的讚許

　　每個人都有被讚美、被認可的需要，女人在這方面的心理需求更多。因為女人是天生的「悅耳」動物，總喜歡聽「好話」，總希望全天下的人都喜歡自己、滿意自己。可是，又有誰能做到讓所有的人都滿意呢？要求

每一個人都贊同自己，是最愚蠢不過的事情了。有一項調查結果就說明了這一事實：對於一件事情是否應該去做，如果妳去徵詢 10 個人的意見，通常會有 7 個人說「不能做」，2 個人說「不好說」，表示贊同的人最多只有一個。這就是經濟學上有名的「一二七法則」。可是，生活中，有很多女人總被「一二七法則」絆住，最終錯過了機會。

有一名中文系的女學生苦心撰寫了一篇小說，請一位著名的作家指點。因為當時作家正患眼疾，學生便將作品讀給作家聽。讀完最後一個字，學生停頓下來。作家問：「結束了嗎？」聽語氣似乎意猶未盡，渴望下文，學生心中暗喜，馬上回答說：「沒有啊，下部分更精彩。」她以自己都難以置信的構思繼續講下去。

到達一個段落，作家似乎意猶未盡，他問道：「結束了嗎？」

看來小說寫得真的不錯，學生心中暗想著，於是他更興奮，更激昂，更有創作激情了。她不可遏止地一而再、再而三地接著編故事……最後，電話鈴聲驟然響起，打斷了學生的思緒。

電話裡有人找作家有急事。作家匆匆地準備出門。

「那麼，沒讀完的小說呢？」學生問。

作家回答：「其實妳的小說早該收筆，在我第一次詢問妳是否結束了的時候，就應該結束。沒必要畫蛇添足，看來，妳還沒能掌握情節脈絡，尤其是缺少決斷力。決斷力是當作家的根本，拖泥帶水，如何能打動讀者？」

這位女生大受打擊，真的以為自己不具備一個當作家的能力，所以放棄了當作家的夢想。

許多年以後，當年的這個學生在報社當編輯，她遇到另一位非常有名的作家，羞愧地談及那段往事，誰知這位作家驚呼：「妳的反應如此迅捷，

思維如此敏銳，講故事的能力如此出眾，這些正是成為作家的天賦呀！假如能正確運用，妳的作品一定能脫穎而出。」

這位女生這才追悔莫及。如果當時自己沒有那麼容易受外界左右，今天說不定也有別人找自己簽約寫書呢！

其實，別人的意見固然可以參考，但意見畢竟只是意見，做決定的還是自己。總是輕信他人的判斷，而缺乏自我認識，總期許得到別人的讚賞而因此迷失自己，這是一個人最大的失敗。

有一位優秀的小學老師，為人謙虛、溫和，有責任心。而她的丈夫是一名成功的律師，有能力，有野心，而且控制慾也很強。在丈夫和她朋友的眼中，在社會上有顯赫的名望就是成功的標準。在這樣的氣氛中，女人感覺自己很渺小，沒人會看到，也沒人懂得欣賞她所擁有的美德。她開始懷疑自己是否有能力。日復一日，她感覺越來越壓抑，他們的那種標準是自己永遠無法達到的，她開始嫌棄自己。

故事中的女人所以變得不自信、嫌棄自己，是因為她沒有辦法擺脫那種根據別人的標準改變自己的壓力，自信地面對自己。她希望得到讚許，希望被他人認可。但在她丈夫的那個圈子裡，她沒有辦法得到這樣的肯定。若想走出這種心裡陰影，女人應該要懂得，每個人活著都有某種特定的意義。比如，自己在工作上很優秀，受到學生的愛戴、家長的認可，這何嘗不是一種自我價值的肯定呢？

真正聰明的女人一定懂得，自己不可能讓所有的人都滿意，所以不能讓某些人的意見來左右自己的意志，更不要因為他人的論斷停止自己前進的步伐。其實，只有自己最了解自己，別人並不見得比我們高明，也不會比我們更了解自己的實力，只有我們自己的決定才是最好的。

莫妮卡·狄更斯二十幾歲時雖然已是有作品出版的作家，可是仍然舉

止笨拙，常感到自卑。她有點胖，不過並不明顯，但那足以使她覺得衣服穿在別人身上總是比較好看。她在赴宴會之前要打扮好幾個小時，可是一走進宴會廳還是會感到自己一團糟，總覺得人人都在對她評頭論足，在心裡恥笑她。

有個晚上，莫妮卡忐忑不安地去赴一個不太熟悉的人的宴會，在門外碰見另一位年輕女士。

「妳也是參加宴會的嗎？」

「大概是吧！」年輕女士扮了個鬼臉，「我一直在附近徘徊，想鼓起勇氣進去，可是我很害怕。我總是這樣子。」

「為什麼？」莫妮卡在燈光下看看她，覺得她很好看，比自己好得多。「我也很害怕！」莫妮卡坦言，她們都笑了，不再那麼緊張。她們走向前面人聲嘈雜、情況不可預知的地方。莫妮卡的保護心理油然而生。

「妳沒事吧？」她悄悄問道。這是她生平第一次心不在自己而在另一個人身上。這對她自己也有幫助，她們開始和別人談話，莫妮卡開始覺得自己是這群人中的一員，而不再是個局外人。

穿上大衣回家時，莫妮卡和她的新朋友談起各自的感受。「覺得怎麼樣？」

「我覺得比先前好。」莫妮卡說。

「我也如此，因為我們並不孤單。」

莫妮卡心想：這句話說得真對！我以前覺得孤立，認為其餘的人都自信十足，可是如今遇到了一個和我同樣自卑的人。原來，我被不安全感吞噬了，根本不會去想別的，現在我得到了另一個啟示：會不會有很多人看來意興高昂，談笑風生，但實際上心中也忐忑不安。

莫妮卡常為其供稿的一家報館中有位編輯，總讓她覺得有些粗魯無

禮，問他問題，他只簡短答覆，莫妮卡覺得他的目光永不和自己接觸。

　　她總覺得他不喜歡自己，現在，莫妮卡懷疑會不會是他怕自己不喜歡他。

　　第二天去報館時，莫妮卡深吸一口氣，對那位編輯說：「你好，安德森先生，見到你真高興！」

　　莫妮卡微笑抬頭。以前，她習慣一邊把稿子丟在他桌上，一邊低聲說道：「我想你不會喜歡它。」這一次莫妮卡改口道：「我真希望你喜歡這篇文章。大家都寫得不好的時候，你的工作一定非常吃力。」

　　「的確吃力。」那位編輯嘆了口氣。莫妮卡沒有像往常那樣匆匆離去，她坐了下來。他們互相打量，莫妮卡發現他不是個咄咄逼人的編輯，而是個頭髮半禿、其貌不揚、頭大肩窄的男人，辦公桌上擺著他妻兒的照片。莫妮卡問起他們，那位編輯露出了微笑，一向嚴峻的臉變得柔和起來。莫妮卡感到他們兩人都覺得自在了。

　　不要過分關心別人的想法。妳過分關心「別人的想法」時，妳太小心翼翼地想取悅別人時，妳對於假想的別人的不友好過分敏感時，妳就會有過度的否定回饋、壓抑以及不良的表現。最重要的是，妳對別人的看法不必太在意。

　　作為一個女人若想活得理直氣壯，活得自信、超脫，就不應該把眼光盯住別人不放，以別人的方向為方向，這樣的女人永遠不可能超越別人的眼光。她的失敗也是他人意料中的。

　　若想有所成就，女人得自己開路。這開出來的路是自己的理想、見解與方式，是自己所獨有的。照著自己開出來的路堅持下去，必然能獲得屬於自己的成功！

做情緒的主人

人們都說「女人是情緒的動物」。這話一點也不假，男人一般不善於表達自己的情緒，即使不高興，也會暗藏在心裡。但是女人不同，女人的臉是個晴雨表，快樂、憂愁都寫在上面。所以女人的很多表現難免讓人覺得有些情緒化。

其實，「情緒化」有時是會傷人的。一個人如果情緒活動劇烈，超越人體能夠承受的限度，並許久不能平靜，那就必然影響臟腑氣血的功能，導致全身氣血紊亂。如《素問·舉痛論》說：「怒則氣上，喜則氣緩，悲則氣消，恐則氣下，驚則氣亂，思則氣結。」又如「怒傷肝、喜傷心、思傷脾、憂傷肺、恐傷腎」等，都說明了七情的過度偏激對人體的氣血、臟腑均有一定的損害。此外，一個女人的情緒如果總是波瀾起伏，陰晴不定，還會影響到身邊的其他人。

鄭大姐是一個極為情緒化的人。五年前，她與老公離婚，單身的日子不好過，她時常唉聲嘆氣、四處訴苦。每每提及往事，鄭大姐後悔不已。原來，鄭大姐只是因為當年失業在家，心情不好，與老公發生口角之後，一怒之下與老公離了婚。鄭大姐一直後悔當年的不理智，使現在的生活過得潦倒不堪。

因此她經常長吁短嘆，周圍的人深受其害，大家都不願意與她待在一起，感染上她的「情緒」病毒，所以能躲她多遠就多遠。

不過，鄭大姐似乎沒有意識到「情緒」的危害，最近她又因老闆的一句責備憤而辭職了 —— 這是她五年裡的第十三次辭職了。

鄭大姐過於情緒化的脾氣一日不改，她潦倒的日子一日都不會停歇。

在我們的日常生活中，常會遇到一些讓我們義憤填膺、怒氣難抑的事情。碰到這種事情的時候，作出正確選擇的關鍵是「保持理性」。所謂的

保持理性，就是不要讓妳的情緒來誤導妳的選擇。

生活總是酸甜苦辣鹹五味雜陳，所謂一個理性的女人，一定要學會當自己情緒的主人，千萬不能被情緒牽著鼻子走。

而要做自己情緒的主人，女人們一定要注意：

自制

拿破崙·希爾（Napoleon Hill）——成功學的創始人曾說過：「自制是一個人最難得的美德，成功的最大敵人是對自己情緒失去有效的控制。當憤怒時，無法遏制怒火，使周圍的合作者畏懼不已，只好敬而遠之；當消沉時，放任自己委靡頹喪，讓稍縱即逝的機會白白浪費。因此我認為，職場成功的關鍵就是控制好自己情緒的能力。」

假如在某件事情上，我們感覺壓力特別大，就可以轉移注意力到一些輕鬆或者比較容易做好的工作上，這樣既可以化解自己的不良情緒，同時又沒耽誤其他工作項目的進度。

作為女人，若想讓自己的每一天都充滿幸福和歡樂，就應該學會控制自己的情緒。懂得控制情緒，妳就能給周圍的人帶來溫馨與愜意，能讓與妳生活在一起的人時刻感受到溫暖與寧靜。而同樣的，妳能有效推動自己的人際關係。毫不誇張地說，一個女人一旦控制了自己的情緒，就等於主宰了自己的命運。

分散注意力

當火氣迅速上湧時，妳要有意識地轉移話題或做點別的事情來分散注意力，這可使情緒得到有效緩解。在餘怒未消時，不妨透過看電影、聽音樂、下棋等方式來轉移自己的注意力，強迫自己靜下心來注意與情緒本身無關的事情。

冷卻自己的情緒

　　一個人遇事立刻發泄怒氣，將會使憤怒的情緒更加延長，倒不如先冷卻一段時間，讓心情先平靜下來，然後採取較有建設性的方法去解決問題。常見平息怒火的是走人，轉移到一個怒火不會再被激起的場合，使激昂的生理狀態逐漸冷卻。當心情非常氣憤或沮喪時，不妨考慮與家人一起到外面吃頓美食，或獨自一人到公園散步，放鬆心情。總之，暫時把煩惱拋諸腦後，待情緒好轉時，再重新出發。

使用替代想法或理情行為治療法

　　理情行為治療法（Rational emotive behavior therapy，REBT）主張人的理念、信念會主宰他的情緒。倘若不好或不合理的信念一產生，情緒會產生較大的波動。所以常保持良好或善意的理念，情緒也會比較穩定。如失戀時，心情非常沮喪、傷心，覺得「對方離開我，因為我一無是處，令人嫌棄」，假如太過沉浸於這種思想中一定會傷心失望到極點，甚至難以自拔，此時可以改變一下想法，認為是雙方不合適，而不是自己條件差，沒人喜歡，則心情會得到好轉，並能重新振奮起來。

適度表達憤怒

　　情感平淡，生命會變得枯燥而無味，而太極端又會變成一種病態，比如抑鬱到了無興趣，過度焦慮，怒不可遏，坐立不安都是病態。因此我們要像亞里斯多德所強調的「適時適所表達情緒」。每當很氣憤時，也不要過度壓抑，而是應該以較不傷人的方式適度表達內心的氣憤，要有像柏拉圖所說的「自制力」，即適當控制自己的情緒。這並非情感壓抑，而是避免一切過度的情緒反應。其次再以較不傷人或較合理的方式來適度表達內心的憤怒，如到知心好友那裡傾訴內心的怒氣，或把內心不快樂的感覺寫

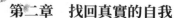

在日記本上等方法，都非常有助避免與人發生直接衝突，而且也是另一種宣洩情緒的方法。

　　總之，快樂是完全能夠自找的，情緒是能夠管理的。假如我們能調整、管理好自己的情緒，就有彩色、美好的人生。做情緒的主人，關係到女人一生的幸福與美滿。

▌為自己的健康多花點心思

　　俗話說：「身體是革命的本錢」，沒有健康，談什麼本錢呢？不過現實生活中，很多女人卻很少擔心或操心過自己的健康。我的身體一直很好啊！我沒有時間去考慮啊（等健康出了問題時，妳就有時間了）……等等理由很多。

　　美國哈佛大學健康管理研究負責人認為，一般人只要從 35 歲開始，加強自身的健康管理，養成良好的生活習慣，可望延長 7 年壽命。因為有規律、健康的生活習慣，對心血管疾病、高血脂、高血壓等幾種「老年病」有改善的效果。只要能持之以恆，在生命的黃昏期，依然可以過著健康、有自主能力的生活。

　　女人一旦過了 30 歲，健康就開始走下坡路。如果女人很早就懂得注意健康管理，會為將來的健康打一個非常好的基礎。健康首先來自於良好的生活細節。一個愛護自己的女人，不但會注意平衡膳食，每天定時做保健操，定期檢查身體，加強疾病預防，還會注意保持心理的健康。具體地說，一個女人要做到為自己的健康負責，需要做到以下幾點：

◆　**良好的生活習慣**：不良生活習慣不可輕視。如衛生習慣差，病從口入，易得胃腸傳染病或寄生蟲病。暴飲暴食者易患胃病、消化不良以

及容易致命的急性胰腺炎。愛吃高脂及高鹽飲食者，最易患高血壓、冠心病等。一旦不良習慣養成，對健康的危害就會經常出現。

◆ **不要濫用藥物**：有關專家指出，當前藥害已成為僅次於菸害和酒害的第三大「公害」。全世界每年死於藥害者不下幾十萬人，為此，欲求健康長壽，必須停止濫用藥物，包括濫用抗生素、補品。補藥使用不當，也會傷人。

◆ **不要太懶、太勞累**：很多中年企業家英年早逝，其主要原因就是他們的腦力勞動強度過大和生活沒有規律。因此，一個女人若想有健康的身體，除了做到生活有規律，起居有時，飲食有節外，還應該積極運動，多鍛鍊身體。

◆ **千萬別忽視小病小災**：身體永遠奉行「妳愛我，我就愛妳」的定律。千萬別以為感冒、掉髮和痛經是小事，它們都是身體傳遞給妳的預警訊號。我們要從點滴防護做起，做個健康的女人！

有位專家表示，一些女性認為自己還很年輕，對一些疾病疏於防範，導致康復艱難。由於社會環境變化和工作壓力的改變，乳腺疾病開始侵蝕青年女性，很多人都進入了提前為疾病買單的行列。因此，女人們千萬不要忽視小病小災，要做好疾病防範工作，增加日常保健，遵循醫生的囑咐，才能保證自身的健康。

◆ **女人一定要補血**：補血不是女人的專利，但是女人一定要補血。血與氣的關係密切，不僅血的生成與氣有關，而且血的運行也需要靠氣的推動。因此，氣虛常常會導致血虛，血虛亦有氣虛存在，補血時要兼顧補氣。

日常生活中，可以選擇做些家庭小菜、湯粥來調理。每個人胃腸道消化吸收的能力不同，要根據不同的季節採用與之相搭的補血方式，才

能達到好的效果。可以每週補充適量的動物肝臟、血、糙米、深色蔬菜及花生等乾果，這些都是補血的最佳食品。

◆ **要講究心理健康**：隨著醫學的進展，人們越來越明確地認識到精神（心理）因素在一些疾病的發生、發展上具有特殊的重要地位。比如，強烈的焦慮，長期持續緊張、憤怒和壓抑等，常常是身心性疾病（高血壓、冠心病等）的誘發因素，並能使病情加重。又如長期或強烈的惡性精神刺激所引起的惡劣心境（憂慮、哀愁、恐怖等），同時還會降低人體的免疫功能，使人較容易罹患癌症。因此，女性朋友們應注意自己的心理健康，抵制心理疾病的侵擾。

學會保守自己的祕密

　　每個人都有自己的祕密，這些祕密也會像麥芒一樣擾得人內心不安。很多人都不喜歡這種感覺，有的人選擇把這種痛苦的感覺深埋在心底，而另一些人則希望把「痛苦」釋放出去。要釋放，自然需要有人分擔，而親密的朋友往往成了分擔祕密的最佳對象。於是，很多女人一遇到自己認為知心的朋友，就大有一吐為快的暢快感。可是，這種暢快過去，失落也隨之而來，那個親密的知心朋友就真的能替妳保守祕密呢？

　　事實上，當妳的祕密成了她人的私密的時候，同樣會像折磨妳一樣折磨著她，她也渴望有人替自己分擔一下，於是她把這個祕密又告訴她最信任的人，這樣一來，祕密就在「最信任的人」之間流傳，並沒有「洩漏」。有多少女人因為祕密被朋友洩漏，而怨恨朋友或者與朋友決裂？即使別人不關心妳的祕密，但是對每個人都傾訴自己心頭的隱祕，反而讓人覺得妳打悲情牌。

　　女人把祕密告訴他人，有兩個目的：釋放自己和求助。與其把自己的

祕密告訴朋友，讓其成為別人的負擔，不如告訴一個心理醫生，心理醫生會幫助妳驅散心頭的陰霾。此外，妳還可以把自己祕密寫下來，寫成一段永遠被測度卻不會被套用在自己身上的故事，或者講給自己的寵物聽。

其實，有祕密的女人才能更好保護自我。有時候將自己完全袒露在別人面前非但得不到他人的信賴，還可能因此受到傷害，走投無路。這裡就有這麼一個故事：

有幾次，狐狸抓到刺蝟，想把牠吞了。可是，刺蝟身體一縮，身上的利刺馬上豎起來了，狐狸無法下口，便放棄了。

有一次，刺蝟遇到了烏鴉。因為相處融洽，刺蝟興致勃勃地把自己的祕密告訴了烏鴉。原來牠把身體蜷縮起來後，身上肚臍處有個孔，只要往孔裡吹氣，牠就會因為感覺到癢，而放鬆蜷縮的身體。

有一天，狐狸捉住了烏鴉。烏鴉為了求生，就把刺蝟的祕密告訴了狐狸：「你不知道刺蝟有致命的弱點吧？只要妳知道了，你就可以嘗到鮮美的刺蝟肉了。如果放了我，我就告訴你。」狐狸放了烏鴉，於是，烏鴉把刺蝟的祕密告訴了狐狸。

後來，狐狸抓住了刺蝟，等刺蝟蜷縮後，牠找到那個孔，往裡吹氣。果真如烏鴉所言，刺蝟沒辦法自衛。臨死時，刺蝟說：「該死的烏鴉，居然不幫我守住祕密！」說完，就被咬死了。

誰都有祕密，有的祕密關係著自己或別人的尊嚴，是最不能觸碰的。如果妳有這樣的祕密，請把它深深埋在心底吧，別去翻閱它。而假若妳有幸得到了別人的信賴，知道了別人的重大祕密，不妨忘記它吧！因為記得太多，我們負擔不起。

那麼，女人應該為自己守著哪些祕密呢？以下是女人不能說的四種祕密：

- **戀愛祕密**：一個人的感情經歷不可能只有一段。曾經發生過的戀情對女人來說就像不定期發作的傷痛。「前男友」、「前夫」這樣的詞彙在她們聽到的時候會喚醒隱藏在內心的情懷，這種情懷讓女人糾結，讓女人輾轉難眠。究其原因，夾雜著對過去的一種擔憂。

  女人害怕自己的私事被男人隨意說出口，尤其是與「前任」曾經纏綿的關係讓現在的戀人知道。若想保護好自己，女人最好不要拿過去出來說。

- **生活祕密**：現代人的愛情，大多信奉「我的地盤我做主」的原則。但生活中經常出現晒祕密的兩位閨蜜，最後讓各自的愛情走向無能為力。

  每次戀愛，琳達都會把男友介紹給閨蜜，一是為了讓閨蜜替她把關，二是希望自己喜歡的人能得到好朋友的接納。幸運的是，最後琳達的男朋友都和她的閨蜜成了好朋友。但令琳達不能忍受的是，閨蜜總會有意無意地把琳達的一些隱私告訴她的男友。比如閨蜜曾告訴琳達的現任男友，琳達的家裡因父親早年去世，欠下了一筆外債，結果導致上一任男友以家庭情況太複雜為由和琳達分手。這讓琳達知道後很不是滋味。

  事情過後，雖然閨蜜給琳達誠懇道地了歉，她說這完全是無心之舉，下不為例。但她在之後和男友的交流中仍會時不時地說一些關於琳達的隱私。

  女人生活中的一些私事，雖然散播出去後它的危害力不是那麼大，但還是會在一定程度上造成心理上的傷害。因此，女人若想生活的安穩一點，就不要將自己生活的祕密動不動就曬出來。

- **思想祕密**：女人的神祕感會讓男人著迷和欲罷不能。女人的神祕感來自哪裡？一個內心深處有故事的女人無疑是神祕的。當然，所謂的有

故事的女人並不是那些曾經「說不得」的不雅之事，而是女人隨著時間的累積沉澱在內心的思想。女人的學問不在於多，而在於會用。讓男人知道妳是一個有頭腦的人，不經意間露上一招半式就會讓男人對妳刮目相看，但是這些思想不要時時掛在嘴邊。

日日表現自己是一個有思想的女人，男人只會把妳當做一個呆板的女書呆子；偶爾透露點「高深」的女人才會讓男人真的感受到妳的神祕。面對所愛的男人，妳要學會控制自己的傾訴慾，讓男人把妳當做一本讀不太懂卻吸引他深入探討的書，對女人來說，就會迷人一生。

◆ **職場祕密**：如果妳覺得可以和上司談些隱私話題，並借此拉近距離的話，妳就大錯特錯了。

姿穎剛入職場的時候比較天真，有一天去上司那裡交報表，在辦公室門口不巧撞見上司在電話裡和丈夫吵架的場面，她看到姿穎的時候兩個人別提有多尷尬了，姿穎趕忙退出去，順便替上司把門關上。其實到這裡為止，姿穎都處理得很不錯，可偏偏第二天在餐廳碰到上司，姿穎多嘴問了一句「沒事了吧？」上司的臉色立刻變了。姿穎不解，回去和同事提及此事，同事說：「老闆的隱私是不希望被員工知道的，況且妳看到的又不是什麼好事。」不料，同事也是公司的大聲公，平時也是八卦的人。不久全公司都知道上司和丈夫鬧矛盾了。

祕密可以談，但關鍵是怎麼談。不是所有私密話題都適合和同事分享，話題選擇不妥當可能會給妳造成一定的麻煩。也許還會給人留下不禮貌的印象，讓人覺得妳口無遮攔、辦事不慎重。如果再被有心的第三者聽到，那後果可能嚴重到影響妳的個人職業口碑。

總之，進入隱私時代，女人們應該有點「隱私意識」。不要讓自己一眼就被別人看穿，這是一個女人一生幸福的祕密。

小測試：妳能保守自己的祕密嗎？

1. 當一個朋友向妳傾訴她遇到打擊，但是欲言又止，妳會：

   A. 引導她說出來

   B. 說不說由她，只管安慰她

   C. 請她說出來，用名譽保證不告訴別人

   D. 希望她說出來，又擔心她說出來

2. 妳的上司親口告訴妳，妳將被晉升，在這個消息發布之前，妳會：

   A. 欣喜但還保持常態

   B. 打電話悄悄告訴最好的朋友

   C. 告訴公司裡最要好的同事

   D. 告訴第一個問妳為什麼這麼開心的人

3. 如果有時間出去旅行，妳最想去的地方是：

   A. 森林

   B. 大海

   C. 高山

   D. 草原

4. 當妳的好朋友突然對妳哈哈大笑，妳覺得她是：

   A. 知道了妳的隱私

   B. 在向妳傳達她心中有事的訊息

   C. 心情好的時候她經常這樣

   D. 希望引起我的疑問

5. 有一個同事的隱私在公司裡廣為流傳，妳會：

   A. 為這個隱私加點妳發現的新東西

   B. 有點好奇，但不太關心

C. 不感興趣

D. 找那些說得起勁的人求證是不是真的

6. 妳的前男友曾經深深地傷害過妳，妳知道他有一個大缺陷，如今他成了妳的競爭對手，妳會：

A. 有意無意地說出去讓大家都知道

B. 直接打小報告

C. 有意無意地和他談起這個祕密

D. 過去的就讓它過去

7. 妳來看男友的時候他正好不在，妳在他的房間裡最想做的事情是：

A. 看他的手機

B. 看他的相冊

C. 看他的電腦

D. 對他的聊天記錄感興趣

8. 妳和伴侶在街上遇到人們傳說中的風流女人，妳的第一反應是：

A. 很有禮貌地打招呼

B. 瞄一眼就離開

C. 相視一笑

D. 做出古怪的表情

9. 家庭出現紛爭，妳有些心力交瘁。當朋友問起，妳會：

A. 笑而不答

B. 擺出無可奈何的表情

C. 氣憤地訴說伴侶的不是

D. 裝作開心地說很好

10. 妳感覺妳的隱私被一個朋友說出去時，妳會：

　　A. 開誠布公地直接找她談

　　B. 不斷猜疑，不斷地求證

　　C. 深感懊悔

　　D. 不再和她做朋友

評分標準

試題 1 —— A.3 分　B.1 分　C.4 分　D.2 分

試題 2 —— A.1 分　B.2 分　C.3 分　D.4 分

試題 3 —— A.1 分　B.2 分　C.3 分　D.4 分

試題 4 —— A.4 分　B.2 分　C.1 分　D.3 分

試題 5 —— A.3 分　B.2 分　C.1 分　D.4 分

試題 6 —— A.3 分　B.4 分　C.2 分　D.1 分

試題 7 —— A.2 分　B.1 分　C.3 分　D.4 分

試題 8 —— A.1 分　B.2 分　C.4 分　D.3 分

試題 9 —— A.1 分　B.3 分　C.4 分　D.2 分

試題 10 —— A.2 分　B.3 分　C.1 分　D.4 分

10 分為 A 型；11 分～ 20 分為 B 型；21 分～ 30 分為 C 型；31 分～ 40 分為 D 型。

◆ **A 型妳完全懂得如何保守祕密**：可以說妳是個比較有城府的人，不會輕易與人交流或者交心。在大事面前妳總是能夠擔當責任，非常值得別人信賴。妳是非分明，能夠站在別人的角度看問題。妳完全懂得該如何保守祕密，會想方設法讓自己和他人都不陷入困境。

◆ **B 型妳能保守那些重大的祕密**：妳有著敏銳的眼光，看問題的角度往往和別人不同。妳的朋友比較信賴妳，因為妳無論從外表還是內心來

看，都是一個很正直的人。妳的好惡感比較強，能夠保守重大的祕密，對於認同的事情能夠堅持到底。

◆ **C 型妳會選擇保守某些祕密**：妳喜歡獨立思考，總是想先把問題弄清楚然後做決定。妳的交際圈比較廣泛，但是知心朋友不多。妳容易懷疑別人，也容易遭到別人的猜疑。妳對別人的隱私不感興趣，但是會無意中把別人的祕密說出去。

◆ **D 型妳從來不能保守祕密**：妳的性格比較敏感，喜歡參與一些集體的活動。妳總是被一些問題困擾，於是想更多了解別人處理問題的方式方法。妳能和朋友保持良好的關係，妳們喜歡談論別人，也容易成為別人的談資。在妳眼裡沒有什麼祕密，但是如果別人說出妳的祕密，妳也會受傷。

第二章　找回真實的自我

第三章　做人生的領航者

　　女人似乎比男人更熱衷於星座、血型之類的宿命，以為人生在冥冥中一切已經注定。既然已經注定了，那就聽從命運的安排好了。為了知道自己有沒有可能獲得幸福的人生，很多女人到處求神問卜、算塔羅牌、看星座運勢，甚至想看看魔鏡，希望魔鏡能直接將自己的未來呈現出來給自己看。可是，這世界上真的有魔鏡嗎？沒有人得到過確切的答案。能夠回答我們的是亙古不變的回音：女人，妳才是自己人生的主導者，命運就在妳自己的手裡。

▍妳不必等待命運的垂憐

在古代歷史上，鍾離春是有名的醜女。她額頭向前突，雙眼下凹，頭顱大，頭髮稀少，皮膚黑紅。按理說她長得這麼醜，命運應該很不好才對。可是，她偏偏不相信命運。她志向遠大，知識淵博，從來不為自己的長相自卑、怯懦。

當時執政的齊宣王性情暴躁、治國無方、喜歡被人吹捧。鍾離春為了拯救國家，沒有考慮自己的個人得失，冒著被殺頭的危險當面指出齊宣王的劣跡，並指出若再不懸崖勒馬就會城破國亡。齊宣王聽後大為震驚，不但沒有治鍾離春的罪，反而把她看成是自己的一面寶鏡。後來，這個身邊美女如雲的國王竟然把鍾離春封為王后。

鍾離春的故事可能頗具傳奇色彩，但至少說明了：命運是人掌控的，女人不必等著命運垂憐自己，因為她完全有能力導演自己的人生，只要她能夠做出正確的選擇，並為此而堅持不懈地努力。

在當代社會，有許多女人更加重視她們在社會中的地位，也更加看重她們自己對命運的選擇與掌握。因此也湧現出了許多讓人佩服的成功女人。

對於熱衷時尚的女人來說，可可‧香奈兒絕對不是一個陌生的名字，它不僅僅是一個時裝的品牌、一個香水的品牌，也是一位偉大女性的名字。從一個貧窮的孤女到一個著名的時裝設計師，可可‧香奈兒終生未婚，她留給了世人無數的謎團，成就了一個傳奇。人們談論她的獨身和數不清的緋聞，更談論她的優雅、前衛、創造與獨立。

1883 年 8 月 19 日，香奈兒出生於法國羅亞爾河畔的索米爾小鎮。她的全名是嘉布麗葉兒‧波納‧香奈兒（Gabrielle Bonheur Chanel）。對於自己的出生，香奈兒一直諱莫如深，不願為外人所知。

　　香奈兒 12 歲那年，她的母親去世了，於是她被送進孤兒院，在那裡度過了黯淡的少年時光。17 歲時，她來到另一個小鎮，進入修道院。當時的婦女地位極其低下，而一個沒有好家境的女孩子若想在社會上生存，是非常艱難的。孤兒院的生活使她明白，高超的針織手藝對於女孩子而言是多麼重要，她可以透過做針線活來養活自己，於是她就學會了自立。

　　18 歲那年，她來到一家商店做助理縫紉師來養活自己。20 多歲時，香奈兒遇上了富有的騎士卡伯（Arthur Edward Capel），並在他的資助下開了她的第一家帽子店。她設計的帽子寬大實用，受到了許多婦女的歡迎，而這個帽子店也成為日後香奈兒總店的地址。1912 年，打鐵趁熱的香奈兒又在法國上流社會的渡假勝地 —— 諾曼第開了自己的第一家服裝店。當時婦女的服裝過於繁瑣，香奈兒認為，女人被造成她們舉止不便的服飾所束縛，從而被迫依賴僕人和男人。因此她的設計風格樸素端莊、簡潔大方。很快，這種極富個性的開領襯衫、短裙受到了時髦女士的注意。她以敏銳的嗅覺，革命性地改變了人們的穿著品位，她的服裝解放了傳統對女性的束縛，成為社會的主流和時尚。這極大地展現了香奈兒的叛逆個性，她用行動告訴當時的女人們：女人不再是男人的「花瓶」。

　　1914 年，香奈兒又在巴黎設立了工作室。到 1930 年代初，她的工作坊已擁有 4,000 名職工，年服裝銷量達 28,000 套。香奈兒取得了非凡的成功。與其他服裝設計師不同，香奈兒從不願意墨守成規，她大膽地表達自己的想法，還破天荒地開創了自己的香水品牌。1923 年，在著名的香水調配師恩尼斯‧鮑（Ernest Beaux）的幫助下，香奈兒終於在無數樣品中選出了「No.5」。她說這是一種不同於以往的香水，一種氣味香濃、令人難忘的女用香水。果然，「No.5」一經推出便造成轟動。從那時起，沒有任何一款香水像「No.5」那樣深入人心。

香奈兒一生有許多名人男友，包括俄羅斯作曲家史特拉汶斯基（Stra-vinsky）等，最有名的當屬英國西敏公爵。但香奈兒卻一直堅持獨身，用她自己的話說，這是因為她「從來都不願像小鳥一樣依附於某個男人」。當西敏公爵向她求婚時，她拒絕道：「這世界上有許多公爵夫人，但只有一個可可‧香奈兒。」

1999 年，《時代》雜誌評出 100 年來最具影響力的 20 位藝術家，可可‧香奈兒醒目地排在第二位。法國前文化部長說：「20 世紀法國將有三個名字永存：戴高樂、畢卡索和香奈兒。」她是戰後女性的神話。她用自己的事蹟證明：女人可以做成任何事情，可以自食其力，選擇自己愛的人，過自己想要的生活。她改變了世人對於服裝的認識，對於女性的認識，對於人生的認識。她自強不息、勇於創新的性格使她不斷地挑戰自己，最終實現了自己非凡的成就。

在香奈兒的一生中，她總能及時而又準確地定位自己，並做出理智的選擇與決定。她的服裝幾乎征服了所有女人的心。她用她的行動告訴了每一位年輕的女性，只有自己能夠導演自己的人生，也只有自己親自走過，人生才會向妳展開精彩的一頁。

努力挖掘自身的潛能

人體就像一座休眠的火山，裡面潛藏著巨大的能量。每個人一生中所用的全部能量只占本身所擁有能量的極小一部分。因此，只要勇於挖掘，每個人都有能力比現在做得更好。

美國有個叫梅爾龍的人，19 歲參軍打仗，被流彈打傷了背部，經治療後無法行走了，被醫生確診為殘疾，從此在輪椅上生活了整整 12 年。

輪椅上的日子實在難熬。他經常借酒消愁。有一次，他喝酒後坐著輪

椅從酒館回家，途中碰上三個劫匪搶他的錢包。他拚命掙扎，劫匪居然放火燒他的輪椅。

灼熱的大火燒得他情不自禁地跳了起來，一口氣跑完了一條街，竟然忘了自己是一個殘疾之人。

事後他說：「如果當時我不逃跑，就會被燒傷燒死。我忘了一切一躍而起，拚命逃跑，乃至停下腳步後，才發覺自己能夠走動了。」

從此，他丟掉了輪椅，正常地生活工作。

一雙20年來無法動彈的腿，竟然在危急的關頭站了起來。到底是什麼使他產生這種「超常的能量」呢？醫學家們認為，這不僅僅是身體的本能反應，它還涉及人的內在精神力量。這種內在的力量如果得以釋放，人的潛能就能得到很好的發揮。

然而，因為潛能是潛藏在人體之內而不是展現出來的，所以往往被人們所忽視，甚至被人們遺忘。若想激發潛能，自身就是最好的「推手」。

有一個名叫楊海英的女生。兩歲時，每次父親遞給她好吃的東西時，她總是先伸手摸了半天後才接到手中。她的異常行為終於引起父母的注意。經醫院診斷，楊海英患的是先天性白內障，就算手術也不可能治癒。

女兒天生是盲人，這讓貧窮的楊家陷入了絕望之中。父母擔心小海英外出會被人欺負，到了該上學的年齡，仍然讓她待在家中。沒料到，困在家中的海英竟然迷上了瓊瑤電視劇。聽過一部電視劇三遍後，小海英就能夠記住劇情和絕大部分的臺詞，這使家人非常意外。

後來，楊海英成年了。她不想再依靠父母，要憑自己的能力生活，就到外面去求職。由於是個「盲人」，她處處碰壁，但是她總在心裡暗示自己「我可以」，一直在堅持著、努力著。

皇天不負有心人，天生一副好嗓子的楊海英終於在一家歌舞廳找到了

工作。出人意料的是，楊海英第一次上臺演唱，就以近乎完美的表演深深地打動了觀眾。她那優美的歌聲令人回味無窮。

一個人只有懂得不斷地激勵自己，勇於挑戰自我，才能將自身潛在的能力發揮出來。才能在激烈的社會競爭中脫穎而出。除此之外，要激發自己的潛能，還需要頑強的意志，堅持不懈地努力。

創造世界跳高紀錄的運動員布魯梅爾（Valery Brumel），在一次摩托車事故中受傷，無法行走。醫生們一致認為，他將借助拐杖支撐他的人生。

然而沒過多久，他在多次手術後又越過了 2 公尺的高度，再次回到了運動場上，這在旁人看來簡直不可思議。

他的成功來自驚人的鍛鍊強度：每天累計 4.7 噸舉重，肩負 100 公斤重物的 2,500 次彈跳……

若想讓自己的潛能發揮出來，還需要有股不服輸的勁。

很多時候，女人沒有辦法發揮自身的潛能，不是因為她們天生就不具備某種能力，而是因為缺乏信心、缺乏勇氣，缺少他人的「刺激」。一些好強的女人之所以容易獲得成功，是因為她們有一顆不服輸的「心」。

俄國戲劇家史坦尼斯拉夫斯基（Konstantin Sergeyevich Stanislavski）在排演一場話劇時，女主角因故不能參加演出，出於無奈，他只好讓他的大姐擔任這個角色。

但是他的大姐從未演過主角，自己也缺乏信心，所以排演時演得很糟，這使史坦尼斯拉夫斯基非常不滿，他很生氣地說：「這場戲是全戲的關鍵，如果女主角演得這麼差勁，整齣戲就不能再往下排了！」這時全場寂然，感到屈辱的大姐久久沒有說話，突然間她抬起頭來堅定地說：「排練！」一掃過去的自卑、羞澀、拘謹，演得非常自信、真實。

史坦尼斯拉夫斯基高興地說：「從今以後，我們有了一位新的大藝術家。」

事情非常明顯，如果不是史坦尼斯拉夫斯基使他大姐受到刺激，激發了她的鬥志，就不能將積聚在他大姐身上的表演潛能激發出來。

其實，人體就像一個未開發的寶庫，每個人身上也都隱藏著巨大的潛能。勇於相信自己的人總是激發自己的潛能去完成偉大的目標。最終也總能在歷經無數的坎坷與挫折之後獲得成功。作為女人，我們不能因為懶惰而錯過了自身潛能的挖掘，那將是令人遺憾的。

▎掌握自身的優勢

不管對於成功者還是失敗者，終究尺有所短，寸有所長，金無足赤，人無完人。駿馬能歷險，犁田不如牛，堅車能載重，渡河不如舟。我們只有知道自己能做什麼，不能做什麼，從而揚長而避短，才能將自己真正的優勢展現出來。

甘戊出使齊國，前去遊說齊王，走了幾天來到一條大河邊，甘戊無法前行，他只好求助於船夫。

船夫劃著船靠近岸邊，見甘戊一副士人打扮，便問：「你要過河去做什麼？」

甘戊說：「我要到齊國去，替我的國君遊說齊王。」

船夫毫不在乎地指著河水說：「連這條只是條短如縫隙般的小河，你都不能靠自己的本事渡過去，還怎麼能替國君充當說客呢？」

甘戊反駁船夫說：「你說的固然沒錯。但是世間的萬事萬物，它們各有各的道理，各有各的規律，各有各的長處，也各有各的短處。比方說，兢兢業業的人忠厚老實，他可以輔佐君王，但卻不能替君王帶兵打仗。千

里馬日行千里，為天下騎士所看重，可是如果把牠放在室內捕捉老鼠，那牠還不如一隻小貓有用。寶劍干將，是天下少有的寶物，它鋒利無比，削鐵如泥，可是讓木匠拿去砍木頭的話，它還比不上一把普通的斧頭。就像你我，要說划槳行船，在江上行駛，我的確比不上你，但是我得揚長避短，這樣我的遊說不就能取得效果了嗎？」

船夫聽了甘戊一席話，頓時無言以對，也似乎長了不少知識，他心悅誠服地請甘戊上船，送甘戊過河。

客觀、正確、全面地認識自己，才能作出合乎實際的選擇。這樣才不至於在一條短短的縫隙河裡浪費一些不必要的力氣。我們可以想想：倘若甘戊不求助船夫擺渡過河的話，他自己或許會溺死在這短短的縫隙小河裡，或者浪費一些不必要的力氣。

然而真正的認識自己並非是一件容易的事，那麼我們該如何正確地認識自己呢？

- **徵詢意見法**：向自己的父母親人、同學朋友和師長同事徵求意見，了解他們對自己的看法和評價。看看周圍的人認為自己適合於做哪種工作。

- **自我反省法**：自我反省可以幫助我們深入了解自己的才能及事業傾向。了解在過去的生活及工作中有哪些是自己喜歡做而又得到較大成就的事；哪些是自己不喜歡做，雖盡力卻毫無回報的事。檢討一下過往幾年間，自己性格的轉變，其中有哪些明顯的趨勢，能否藉以推斷以後的轉變方向及自身發展的趨勢。

- **心理、職業測驗法**：目前社會上出現不少有關心理、性格和智力等各式各樣的測驗，不妨試一試，作為參考。

- **感覺法**：對自己沒把握的事，會本能地產生一種畏懼情緒，這可能是妳在這方面沒有才能的一種反映。與此相反的，如果對所做的事感到

確有信心做好的話，那正說明妳在這方面或許有一定的才能。

◆ **比較法**：不怕不識貨，就怕貨比貨，透過比較可以認識自己的才能。尤其是在比賽場上，如果是競技比賽，那麼妳在哪個項目中能屢挫對手捷報頻傳，那就說明妳在這個項目上的能力突出。這是人盡皆知的道理。但如果沒有可比的對象，也可以拿自己做過的各項工作來比。如果有人多才多藝，那就要看哪種才氣更大，哪種特長出類拔萃並被社會承認。

◆ **考試法**：目前除了學校用考試來測驗學生的學習情況外，一般企業公司也喜歡用考試公開應徵人才。透過考試也可以客觀地評價自己。

除了運用各種方法認識自己外，還要根據自身的實際狀況客觀地評價自己。

總之，要全面了解認識自己，客觀正確地評價自己，這樣才有可能在選擇工作或創業的時候，在社會坐標系中尋找到自己的恰當位置，既有效地發揮自己的才能，又充分挖掘自己的潛力，從而最大限度地實現自己的夢想。

選擇適合自己的工作

女人要有事業，因為有事業的女人很美，她們在男人的世界裡，具有無窮的魅力。這種魅力是厚重而迷人的，隨著她們辛勤工作的身影和隨時洋溢的才華散發出來，讓人陶醉，讓人著迷。女人這種因為事業而散發出來的魅力，經得起歲月的推敲和考驗。

女人要有事業，要有適合自己的工作，一份與自己的性情符合的工作能把女人的熱情和能量激發出來。做著自己喜歡的事業，女人的人生因此變得有意義、有價值。然而並不是所有的人都知道自己適合什麼工作。

　　珍玲是一位內向的女生，大學畢業以後，她在朋友的介紹下到一家公司做銷售工作。可是她不善與人溝通，合作能力差，因此在合約期滿時公司沒有與她續簽。

　　離開公司後，她有很長一段時間失業在家。後來，她的一些朋友因為從事保險行業賺了不少錢，就鼓動她挑戰自己的能力，一起做保險。儘管家人覺得她的性格不適合做這一行，但她還是一意孤行，做起了保險。

　　在此後的半年裡，她只售出了一份保單，而且還是在主管的協助下完成的。而在工作之餘，她的內心也備受煎熬。無論是對人對事，她總是充滿了不自信。經過一番激烈的思想鬥爭後，她決定放棄。就這樣，她的工作不但沒有絲毫進展，還浪費了自己的時間。

　　作為一個一心想事業有所成的職業女性，如果不能把選擇職業的權力抓在自己的手中，即使她在某種程度上取得了一些成效，但最後的結果也只能是「竹籃子打水一場空」。作家「安妮寶貝」就善於自己選擇。

　　「安妮寶貝」在大學畢業時，順從家裡的安排，進入一家銀行工作。這個工作在別人眼裡既穩定又體面，很適合女孩子。可是安妮寶貝一點也不喜歡銀行的工作。她覺得自己成了一臺只會數錢、沒有靈魂的機器，這與她渴望自由的內心是極其矛盾的，於是她準備辭職。

　　當然，她的決定遭到了家裡的強烈反對。為了遵照自己的內心選擇，她只好獨自離家，開始了自由的生活。熱愛文學的她開始在網路上寫小說，《告別薇安》、《七年》、《七月和安生》等作品一經發出，便引起了轟動。

　　安妮寶貝的堅持，為她締造了屬於自己的人生精彩。我們很難想像，如果她一直在銀行工作的話，那麼讀者還能不能品到這些文字的佳餚，安妮寶貝的才情也會因此埋沒在那一堆堆嶄新的「鈔票」中。

美國廣告界巨擘喬安娜女士自幼酷愛文學，並閱讀了大量的文學著作。在她很小的時候她便立下了志向——做一名出色的作家。高中畢業以後，她報考了大學文學系。大學畢業後的她，沒有像其他同學那樣去尋找工作，而是埋頭創作，其努力的程度用「頭懸樑、錐刺股」來形容也絲毫不過分。

皇天不負有心人，她在一年之中完成了兩部長篇小說。但不幸的是，她的這兩部小說均未獲得成功。但是喬安娜並未灰心，她認為是自己的視野太狹窄才導致了失敗，於是她便借了一大筆錢，到各地去旅遊，以增加見聞，並且在每次旅遊後，寫下大量的散文和札記。由於長期入不敷出，親友開始反對她的追求，勸她將創作當成興趣就好，然後去找一份工作。她自己也知道藝術來源於生活，所以也同意並採納了親友的建議。

由於她有很好的文字基礎，所以輕而易舉地在報社找到了一份記者的工作，不過，她依然對文學創作念念不忘，所以對記者的工作沒有很用心，沒多久她就被解僱了。一年中她數次失業，情緒也因此而低落，她的作品品質更是每況愈下。經歷了如此多的波折後，她開始靜下心來分析，認識到自己並不具備當作家所應具備的所有條件。

於是喬安娜決定放棄當作家的念頭，轉而從事廣告文案創作，在這個領域，她激發出了自己更多的熱情，同時由於她的文學底子很強，所以很快地就嶄露頭角，最後她成為紐約市有名的廣告策劃人。

喬安娜無疑是一個聰明的女人，她的聰明之處在於當她發現作家這個夢想並不適合自己時，並沒有了為了適應這個行業而改變自己，而是明智地選擇了放棄文學創作，轉而從事真正適合自己的文案創作工作。

由此可見，女性的擇業只有和自己的愛好、性格結合起來，才有可能獲得成功。現在，在就業壓力較大的社會中，人們普遍認為公務員、教師

這些穩定的職業才是良好的選擇，但並不是每個人都適合這種穩定的工作氛圍。好的職業不一定是穩定的職業，選擇那些最適合自己發展的職業才是一個女人的明智之選。

合適的職業可以給一個女人帶來自信和幸福，因此女人一定要明白：合適的，才是最好的。

▍永遠只「坐」一把椅子

人生有得有失，我們只能朝一個方向前進，而不能同時朝好幾個方向走。因此我們必須在諸多的方向中，找到一個適合自己的方向。

現代社會發展這麼快，物質生活越來越豐富，人們的選擇也就非常多。以前是媽媽做衣服，沒得選擇，只有穿媽媽做的衣服，現在，服裝店街上比比皆是，OB 嚴選、MOMO 等網路商店也是十分熱門，選擇太多，所以人們都會花很多時間和精力在選擇上，然後花了這麼多的精力和時間選擇了一件衣服，又可能穿不了多久就要換掉，然後又得要重新選擇。

李亮是一名大學畢業生，畢業出來到現在兩年多的時間換了六份工作。他非常聰明，學東西也非常快，而造成他頻繁換工作的原因就是他的選擇太多了。好的工作不好找，但是一般的工作倒蠻好找的。所以他認為不做就不做了，自己又不是找不到工作，如果受到一點委屈，或者跟同事有不愉快，又或者工作太累，或是突然不喜歡這份工作了，就馬上換工作，因為離開了這個職位，還有很多工作可以做。結果在兩年多的時間裡他是一事無成。

面臨太多的工作選擇，往往讓有些人迷失方向，職場打混了好幾年，都不知道自己長處在哪裡，也不知道自己可以做什麼。因為選擇太多。

其實，人生無處不面臨著選擇。選擇太多的時候，妳就會像一隻置身

於大海中的帆船一樣四處漂泊，找不到自己的方向。聰明的人懂得及時做出選擇，把一切不利於自己的東西拋開。

世界歌壇的超級巨星帕華洛帝就是一個懂得選擇的人。有人曾向他請教成功的祕訣，他每一次都無一例外地告訴討教者，父親說過的一句話，對他的成功起著決定性的作用。

事情是這樣的，從師範學院畢業後，痴迷於音樂的帕華洛帝對自己究竟該選擇什麼職業拿不定主意。他就問父親：「我是當教師呢？還是做個歌唱家？」他的父親回答說：「如果你想同時坐在兩把椅子上，你就可能從兩把椅子的中間掉下去，生活只要求你選擇一把椅子坐上去。」後來帕華洛帝愉快地選擇了音樂，從此走上了樂壇。

如果帕華洛帝想做一個音樂教師，不但能教書育人，而且又能實現他酷愛音樂的心願，應該說這樣的選擇也不錯，這正好和多數人的擇業心態吻合，但帕華洛帝的父親卻告訴他不能同時坐在兩把椅子上，只能選擇其中的一把，帕華洛帝選擇了音樂。於是父親的這句話，造就了這位日後的巨星。

人的一生，會面臨許多選擇，但同時人生的短暫，不能給我們多少猶豫和徬徨的時間，所以只選一把椅子，並堅定地走下去，成功才不會太遙遠！

魚和熊掌不可兼得，除非天下人的智慧和運氣都集中到妳一個人身上。想多坐幾把椅子，結果往往是一把也坐不成。只有真正理解得失之間規律的人，才能擁有精彩的人生。

所以，當面臨著諸多選擇的時候，很多人往往會茫然不知所措。事實上，許多人並非不曾努力，而是精力過於分散，志趣不專。若想擁有一個精彩的人生，體悟生命中的得失是必然的。我們只有勇於放棄生命中不必要的部分，勇敢地做出選擇，才有可能獲得成功，獲得幸福。

▍會選擇，也要懂得放棄

年輕的時候，我們就要學會選擇。因為我們現在的選擇決定了我們將來的命運。一個女人想要獲得幸福，更要懂得選擇和放棄。每個人的一輩子都有得有失，如果妳想擁有一切，最終妳將會一無所有。在眾多的誘惑面前，選擇自己需要的，放棄那些不屬於自己的東西，不僅是一種境界，更是一種智慧。

有一個年輕人，背著一個很大的包袱，千里迢迢地來見無邊大師。見到無邊大師，年輕人很痛苦地說：「為了尋找快樂的生活，我開始長途跋涉，我的鞋子走破了幾十雙，雙腳也磨出了老繭，整個路途荊棘叢生，我的手也被割破了很多次。因為路途中沒有足夠的水，我的聲音也變得低啞難聽。為了找到生命中的陽光，我付出了這麼多，可是我依然生活在痛苦和黑暗之中！」

大師問道：「你的包袱裡裝的是什麼東西？」

年輕人回答：「裡面裝的是我每一次跌倒時的無助，每一次痛苦時的哭泣，每一次煩惱時的痛苦……這些東西對我都無比重要，我就是靠著它們，才走到您這裡來的。」

於是，無邊大師帶著年輕人來到河邊，他們坐船過河。上岸之後，大師對年輕人說：「你背上這條船趕路吧！」

年輕人很生氣地說：「你認為我是傻子嗎？船那麼重，我怎麼背得動它？」

大師笑道：「是的，孩子。船那麼重，你無論如何都是扛不動的。當你過河的時候，船對你來說是有用的，但是過河之後，你就應該把它放下，否則它就會變成你前行的包袱。你生命中的那些苦難、挫折、孤獨也

是一樣，在你需要激勵的時候，這些東西對你是有用的，但是，如果你一直背著它們趕路，它們就是你生命的負擔。生命無法背負太多！把那些不必要的東西放下吧！」

年輕人把自己背上的包袱扔進河中，然後繼續趕路。此時，他才發現，原來生活是如此輕鬆快樂！

有一位哲人說過：「我們痛苦，並不是因為我們得到的太少，而是因為我們需要的太多。當妳背著慾望的包袱行走的時候，必然會舉步維艱，痛苦萬分！」選擇是一種理性的取捨，是有所為，有所不為。正確的選擇會讓一個人走向成功，而錯誤的選擇卻會讓人誤入歧途。精明的人敢於放棄，聰明的人樂於放棄，高明的人善於放棄。放棄是為了更好地選擇，是另一種形式的擁有。

其實，對於一個女人來說，最難的莫過於愛情的選擇與放棄。愛情好像很簡單，選擇自己喜歡的就可以了。可是婚姻好像又不那麼簡單，光有愛情顯然是不夠的。因此，女人在婚姻問題上往往非常慎重，很難做出抉擇。有的女孩對婚姻要求的條件太多，不懂得取捨，最終選來選去變成了「剩女」；也有一些女孩面對婚姻選擇了金錢，放棄了愛情，也就是人們所說的「拜金女」。女人啊女人，永遠在苦惱的是：那些與愛有關的事，我該如何取捨呢？

米婭是一個漂亮可愛的女孩，儘管在學校裡有很多男孩子追她，她卻不願意和他們交往，因為她一直以嫁給有錢人作為自己的人生目標。畢業工作後，米婭在公司遇上了一位和自己志同道合，而且性格良好的青年。米婭很喜歡他，甚至還有了想和他結婚的想法，但是一想到他的經濟狀況，並不符合自己定下的標準時，她最終還是選擇了離開他。

後來，米婭終於找到了一位「特斯拉王子」，這位王子確實非常有

錢，但是卻沒有時間，整天忙得見不到人影，連「跟她一起吃午餐」、「給她打電話」都必須寫進行程表，否則很快就會忘掉。

她知道這樣的男人永遠不會給她貼心、溫暖的感覺，但她還是選擇了他。也許只有時間會讓她明白，知心伴侶比億萬富翁更值得共度一生。

尋找一個伴侶，並不是尋找一個規則，牢牢地套住自己。如果米婭明白這一點，就不會在遇到自己的知心戀人時猶豫不決了，她不懂得放棄自己那些所謂的規則，結果卻失去了知心戀人，把自己推進了一個並不會太幸福的婚姻裡。

放棄，並不意味著失去，因為只有放棄才會有另一種獲得。漫漫人生路，只有學會放棄，才能輕裝前進，才能不斷地有所收穫。女人在選擇自己幸福的時候，一定要學會放棄自己腦海中那些受社會影響的不好的因素，凡事要的是一種緣分，順從自己的內心，選擇自己需要的，就是一種最好的選擇。

▌要積極，也要豁達

楊一帆是個積極上進的女生，她非常努力工作，也取得了很好的業績。因此，楊一帆曾一度自信滿滿，認為這世界上沒有可以難倒自己的事情。

然而，最近，一帆卻一蹶不振了，先是自己的一個老客戶被新來的同事搶走了，後來又在一次交易中出了一些差錯，讓公司遭受了很大的損失。接二連三的「失意」讓一帆變得心灰意冷了。她變得退縮、膽小了，總擔心又出差錯，甚至怕與客戶溝通，更擔心公司上司對自己有不滿。

由於整日籠罩在患得患失的陰影，一帆心裡得不到片刻安寧。她覺得很累很辛苦，心情很抑鬱，萌生想辭職，結婚生子當家庭主婦去的念頭。

　　楊一帆之所以陷入患得患失的困境中，與過強的「好勝心」及過於追求「結果」的心理有關！因為長期精神繃得太緊，這個時候，她就會想索性就放鬆一下自己。暫時的鬆懈我們不妨縱容一下自己，但若因此否定自己的能力，事態就有點嚴重了。也許，成功很重要，但畢竟不是最重要的。過於追逐成功，追求結果，只會讓我們每做一件事情都患得患失，最終得不償失。

　　其實，結果固然重要，但過程更重要。一個人若想獲得幸福，必須懂得做事情的態度要積極，而面對得失的心態要豁達。只有做到既積極又豁達才能贏得真正的幸福與更大的成功。

　　18 歲的紐約少女貝麗曾榮獲國際鋼琴大賽的金獎，一時聲名鵲起，鮮花、掌聲、榮譽紛至沓來。貝麗開始驕傲自滿，沉醉於一片讚揚聲中，練琴自然受到了影響。而她驕傲自大地表現也讓她的同學和朋友開始對她敬而遠之。

　　貝麗感到非常苦惱，她不明白她的好朋友們為什麼會這樣，是嫉妒自己嗎？

　　貝麗的奶奶是個非常有智慧的長者，她及時提醒貝麗：妳成功了，不是因為妳的技藝就真的勝人一籌，其實大家都差不多，妳的成功得益於他人的幫助和鼓舞，得益於當時較好的臨場發揮。別因為一次的成功就把自己積極的心丟失了，那是得不償失的。

　　奶奶的話猶如一盆冷水，讓貝麗清醒。從此，她用平常心對待得失，專心練琴，謙卑做人，又多次在國際大賽上奪取了桂冠。

　　生活的藝術，就是平衡得失的藝術，使自己始終有個好心情，有一張滿足釋然、恬淡安詳、燦爛幸福的笑臉。對於女人來說，擁有一顆既積極又豁達的「平常心」至關重要。因為「平常心」可以讓女人們冷靜地看到

自己的成績和不足，落後時迎頭趕上，領先時不忘乎所以。這樣的女人無疑是睿智而聰穎的。

對於女人來說，擁有一顆積極且又豁達的心有以下好處：

首先，積極進取的心態能激發女人成功的鬥志，推動女人頑強地向著未知領域不停地探索，強化女人的堅強意志，使她們永遠不滿足現狀，不怕困難，不畏險阻，滿懷信心地奮勇前進。

而豁達，不計較得失的心理則能讓女人的生活充滿快樂。生活中並不能一帆風順，有成功，也有失敗，有開心，也有失落。如果女人把生活中的這些起起落落看得太重，那麼生活對於她們來說永遠都不會坦然，永遠都沒有歡笑。

其次，豁達的心態能讓女人正視自己的缺點和不足，並時時進行反省。擁有平常心的女人不會掩飾自己的缺點，相反的，她們會把一個真實的自己擺在周圍人眼前，希望周圍人能替自己挑出不足和欠缺的地方。她們懂得時時進行自我反省，做到真切地了解自己。

最後，心態豁達能讓女人正確地對待失去的東西。「不要為打翻的牛奶哭泣」說的就是我們應該如何去面對已經失去的東西，失去的終究是失去了，不管如何為它們哭泣都不會再回來了。有了平常心我們根本就不會哭泣，因為我們知道，世界上不管什麼東西都不是永恆的，不管我們對它們有多麼留戀，也不能制止這種逝去。

因此，平常心在這個時候往往扮演的是一種協調劑的作用，能讓女人很快地從失去的「陰影」中走出來，去追求下一個目標。

妳也可以勇敢地說「不」

人的力量、價值與尊嚴，很多時候就來自於一個「不」字。只有善於拒絕自己不想要的，才能更容易得到自己想要的。

漂亮的女孩子經常有這樣的經歷：經常碰到一些令人討厭的異性，而且很難擺脫他們的糾纏。在大街上，經常看到這樣的情形：一位衣冠楚楚的男士正在對一位年輕貌美的女孩子進行「馬路攻勢」。

「小姐，我請妳看電影好嗎？」

「不，謝謝你的邀請。」小姐答道。

「喂，小姐。」這位先生好像還不甘心，「妳要搞清楚呀，我可不是那種隨隨便便就邀請女孩子看電影的男人啊！」

「你要知道，我也不是那種隨隨便便就拒絕一位男士邀請的女孩子。」小姐以牙還牙道，說完，便轉身而去。

這位男士頓時興致全消，訕訕地走了。

這個女孩懂得說「不」的方式與技巧，從而讓自己擺脫了異性的糾纏。

我們時常害怕拒絕別人，也怕被人拒絕。然而有的時候，不會拒絕別人，會讓我們更加難以面對現實、超越自我。妳也許會遇到這樣的情況：在妳忙碌的時候，接到一些朋友因為鬱悶而需要找人傾訴的電話；在妳想找個安逸的假日好好休息的時候，卻被同事拉去參加一些無聊的舞會……我們通常因為不懂得怎樣拒絕別人，從而使自己陷入這個由無數人情構成的社會關係網中，迷失了自我。

卡薩爾斯（Pau Casals i Defilló）是西班牙的大提琴手，是個音樂天才，然而他能改寫大提琴歷史，靠的不只是音樂上的天才，更重要的應該是一種難得的「拒絕的智慧」。

卡薩爾斯 10 歲時，他已經彈完巴哈《十二平均律》中的四十八首前奏曲與賦格曲。15 歲時，卡薩爾斯在王宮演奏，贏得了西班牙皇太后贈予的兩年獎學金。他可以一邊讀馬德里音樂學院，一邊隨時進出皇宮，跟太子一起玩耍。然而，卡薩爾斯拒絕了皇宮奢華生活的誘惑，前往比利時布魯塞爾，去找當時聲名最高的大提琴教授維克多。

卡薩爾斯到維克多的班上面試，維克多用輕蔑態度隨口講了幾首冷門的曲子，純粹只是要難倒卡薩爾斯。沒想到卡薩爾斯每一首都會，而且當場完美地演奏了冷門曲目中最冷門的一首。維克多態度轉變，願意提供一年獎學金讓卡薩爾斯留下來當他的學生，但卡薩爾斯毫不客氣地拒絕了。他只說自己不喜歡布魯塞爾，他沒說的是，他討厭維克多高傲、歧視、無禮的態度。

卡薩爾斯的拒絕，惹惱了提供他生活津貼的西班牙王室，他們以中斷獎學金威脅他留在布魯塞爾跟維克多學習。卡薩爾斯索性連西班牙王室的資助一併拒絕了，到巴黎過起了貧困的生活。

1936 年，佛朗哥在西班牙建立了法西斯政權，卡薩爾斯又堅決地拒絕了西班牙。接著，他拒絕到希特勒和墨索里尼統治的德、意演奏，拒絕到與西班牙建交的英國演奏。1950 年，美國承認佛朗哥政府，卡薩爾斯從此拒絕到美國。

拒絕這個、拒絕那個，卡薩爾斯能到哪裡演奏？他哪裡都不去。他在庇里牛斯山上荒涼的小鎮辦自己的音樂節，世界第一流的音樂家都爭相參加。

卡薩爾斯的拒絕，並沒有使他失去成為大提琴家的機會，反而為他拒絕傳統、開拓創新提供了空間。沒有人像卡薩爾斯有那麼輝煌的「拒絕」紀錄。透過「拒絕」，他維護了自己高貴的尊嚴，這使得他演奏的音樂，

有一股絕不妥協的骨氣。靠「拒絕的智慧」打造人生的卡薩爾斯，絕對是獨一無二的。

在該拒絕的時候，我們就應該挺直自己的腰桿，勇敢地去拒絕，不必畏畏縮縮地猶豫不決。在旁人看來，有時候妳的拒絕是那麼的富有魅力，不僅展示了妳的獨立、尊嚴，更讓人看清了妳的風骨。

有時候，妳的拒絕會讓妳擁有真正的人生。

每一個涉世不久的女孩子，最難應付的事也許都是如何說「不」了。在我們的身邊，父母、親戚、朋友、同事、上司都不時地要求妳這樣或那樣時，很多人卻不知道如何說出這個看似容易實則艱難的「不」字。

拒絕不是絕情。不會拒絕別人的人，是不會安排自己人生的人，常常將時間浪費在一些毫無意義的事情上。每個人都應該對自己的人生有一個嚴格的規劃，這樣才不使自己糾結於一個和妳毫無關聯的事情當中。

然而，在社會交流中，女生很難直接了當地說出拒絕的話，因為由拒絕所引起的對方的心理抗拒以及由此產生的消極情感的後果也是不可避免的。所以，在妳拒絕別人的時候，妳還是要選擇一定的方式、技巧，從而留給對方一個好的印象。拒絕一個人其實並不難，只要妳能在拒絕別人的時候採取溫潤的、合適的方式就不僅能夠清楚明了地表達出自己的立場，同時也不會讓對方產生不愉快的情緒。

女人，一定要學會拒絕的藝術，要知道自己是為自己而活的。

▌將自己的愛好堅持到底

很多女人一旦結了婚，有了孩子，就把整個身心都放在老公、孩子的身上，生活的圈子變小了，朋友聯絡的少了，曾經的愛好也被生活中的柴米油鹽消磨的沒有了形狀，而煩惱也隨之而來。

其實，女人大可不必為了老公，為了孩子，為了家庭「犧牲」掉自己的愛好。因為，有愛好的女人才能活得更精彩。

小霞是個愛好廣泛的女人，除了老公和孩子，她的生活中還有自己的事業和很多朋友。

閒暇時間，小霞會努力去做自己喜歡做的事情。集郵和開車就是她的最愛。小霞的車友有一堆，大部分的週末時間，小霞都會聯繫她的車友一起出去郊遊，她的那輛現代紅色跑車看起來也是十分拉風。

小霞喜歡集郵已經是眾所周知的了，而有關她和郵票的故事也是為人津津樂道的。小霞還是個年輕女生的時候，就曾經因為買郵票而失約過一次相親，她媽媽氣得把她的集郵集撕了。

最後，小霞嫁給了她的一位車友，她媽媽的心事總算了結了。

最近，小霞又迷上了做手工藝，她會和自己5歲的孩子一起做風車、做輪船、拼圖，投入而又專注，也因此她的兒子很佩服她：因為她做的比班上的老師還好。

有愛好的小霞把自己的生活過得津津有味。她覺得對她來說，生活的樂趣多於煩惱。

女人多一點愛好，不做井底之蛙。愛好越多，好奇心也越多，就越願意接觸新的東西，心靈世界也就越開闊，越充實，而充實的心靈也會讓人充滿自信。

女人多一點愛好，少一些婆婆媽媽。有些女人總是認為結婚了，其他就無所謂了，即使是個職業女性，每天一上班就不管別人愛不愛聽，圍著丈夫、孩子的話題加油添醋，嘮叨個沒完沒了。

女人多一點愛好，就能免受疑心的折磨。猜忌是夫妻之間常發生的事情，女人沒有自己的愛好的話，就有更多的時間去察言觀色，而結果也並

不一定是完全正確的。

女人多一點愛好，會多一份樂趣。做自己喜歡做的事情，會使人身心愉快，而這種樂觀的情緒，會使人精神向上，更加熱愛生活，生活中我們要盡可能地去捕捉那些足以使我們心靈產生興奮的動能，這會讓人精神飽滿，呈現在容貌上也是任何美容用品都無法替代的滋養劑。

女人多一點愛好，就多一份想像。仰望藍天，我就是那朵飄浮的白雲；佇立窗前，我就是那隻帶哨的信鴿；摘一朵鮮花，我就是那個美麗嬌羞的少女……

女人多一點愛好，就多了一份情趣，有情趣的女人更有魅力，也更能拴得住男人的心。

總之，女人除了對家庭負有責任和義務外，必須保留自己的一塊「淨土」，也就是說，女人必須不斷地提高自己、修飾自己，培養自己多方面的興趣和愛好，這樣不但可以充實自己的精神生活，提高自身的素養，而且能讓他人另眼相看。說句難聽的話，一個有情趣、有愛好、有自我、有素養的女人即便真的被男人背叛了，自身所具備的素養也能讓自己在重新選擇時更具有競爭力。

因此，聰明的女人們應該將自己的愛好堅持到底！

▌居安思危，要有充電意識

女人的美貌有時候可能是成功的捷徑，但如果單有美貌，沒有內在的涵養作為根基，這種靠捷徑獲得的「成功」一般走不了多遠。而一個女人即使貌不驚人，但若她懂得讀書和不斷學習，累積了足夠豐富的知識，並把這些知識轉化為個人的智慧，那麼，她將擁有一份源自於修養、知識的魅力。這種源自才學的魅力也許不如美麗那麼張揚，但它卻更深沉、更動

人、更長久、更令人神往。這種魅力是膚淺的外在美永遠無法企及的。

筱凡是個普普通通的女生，長相一般，資質一般，理想樸實：擁有一份好工作、嫁一個好老公。

當然，筱凡的理想很容易就實現了。大學剛畢業，她過三關、斬六將，突破重重包圍進了一家大型企業工作。筱凡自認為自己很幸運，工作也特別用心。

工作了一段時間之後，筱凡就發現自己有許許多多的不足，於是她下定決心繼續學習不斷充電，來開拓自己的事業之路。於是，在接下來的兩年裡，筱凡透過自學拿到了會計證照等許多的證書。

因為筱凡工作嚴謹、態度認真，而且善於動腦。公司負責人也大力地培養她，自身的努力加上上司的賞識，讓筱凡很快就成為公司的管理層。

工作 5 年後，筱凡已經從一個對做生意一竅不通的女孩成長為一名優秀的企業管理者。曾經那個柔弱的她不見了，她變得自信而又美麗！

當然，她並沒有因此放棄學習，每個週末，筱凡都會去英語學習中心坐上一個下午，到圖書館、書店看看書。對她來說，生活依然樸素而又簡單。一個有著簡單小理想、積極努力的女人又怎麼可能被命運之神忘記呢？就在英語角裡，筱凡認識了她現在的先生 —— 一位同樣積極、努力且又體貼、真誠的男士！

相較於很多經歷「坎坷」的女人來說，筱凡確實很幸運，工作、生活順風順水，讓人欽羨不已。然而，她的工作與生活都來自她努力的爭取，這才是最大的不容易。

對於一個女人來說，不能把「居安思危，隨時充電」僅僅當作一句口號，還應該積極行動，將其貫徹到底。因為，堅持學習，不斷「充電」，及時補充新的知識和掌握最新資訊，不但能讓一個女人擁有一顆屬於自己

的獨特心靈，擁有自己豐富的情感體驗，還能讓女人保持自身的優勢地位。可以說，不斷「充電」是女人表達完整自我的基石。

在美國的報紙上刊登過一位美國記者對一個女孩的報導：

潘曉婷從遙遠的國度長途跋涉來到美國，既不懂英語也不了解 WPBA（美國女子職業撞球協會）的文化。她看上去不像那種整晚耗在酒吧旁、一首接著一首聽著自動點唱機裡傳來的搖滾樂單曲的女孩。事實上，她也確實不是那種女孩。

她早上起得很早，在電視上一遍遍地重複播放自己上一場比賽的錄影，分析自己做得不夠的地方，努力進行修正。然後她來到練球房，重複練習之前比賽中走位不佳的球，一遍又一遍，直到確保萬無一失為止。

在比賽中，她百分之一百投入。也許當妳不懂得廣播裡或者看臺上的觀眾在說什麼的時候，會比較容易將一切雜音摒棄在腦海之外。她從來不允許自己的哪怕是一縷瀏海掉在眼前遮擋視線，即使當她的整個身體都撲到球桌上。

無論她是成功拿下了一局比賽，或者是沒能將球順利打進球袋，總之，當她轉身折回自己座位的時候，她總是會繼續解讀、學習賽場上發生的一切。

2007 年 4 月 8 日晚，潘曉婷在世錦賽決賽中擊敗菲律賓選手，成功登上世界冠軍寶座。

潘曉婷，一個榮獲世界冠軍的撞球女孩，她的成功經歷吸引了眾多少男少女的心。一則不足一千字的報導，卻道出了潘曉婷成功的真諦，那就是學習。在與對手的較量中，無論是贏是輸，她從不放棄吸取每一次成功與失敗的經驗和教訓。正是憑藉這種不斷學習的姿態，她成為撞球界的一名新秀。

為「冬天」留足糧食

　　劉敏是個典型的「月光族」，單身的她月收入雖有 30,000 元，但每月花在名牌服裝和化妝品上的錢卻超過 20,000 元，再加上隔三差五和同事們聚餐，劉敏總是入不敷出，甚至每月還需要父母「贊助」近千元。然而，隨著身邊好友逐漸邁入婚姻殿堂後，劉敏開始考慮到未來，計劃擺脫「月光族」，開始存錢。

　　現在許多年輕人都像劉敏一樣屬於「月光族」，這些「月光族」在吃、穿、娛樂、上網遊戲以及購買數位產品方面「一擲千金」，然而真正遇到「事情」的時候卻常常陷入經濟困頓的僵局。因為手頭總是無閒錢，因此遇到傷心事，不能外出旅遊散心；看到大盤上漲別人都趁機發財，自己卻玩不起股票；甚至看到自己喜歡的時裝新款上市，也不能動心。假如生病了，還要請求老父母援助……這樣的處境讓越來越多的人開始對未來產生危機感。

　　雖然說生活少有萬劫不復的深淵，然而有各種突發事件，如果能為自己留足過冬的「糧食」，便能保證自己在突發事件降臨時保持從容和鎮定，在生活的暴風雨襲來時不被生活所困、不被貧窮壓倒。因此，每一個聰明的女人，都需要未雨綢繆，給自己留足「過冬」的糧食。

　　那麼，女人們應如何做到未雨綢繆呢？我們建議：

* **記帳，花銷心裡有數**：女人一進入社會，走上職場，開銷都從薪水中來，記帳能讓妳發現這個月的錢都花在哪裡了，哪些錢該花，哪些錢不該花。能夠衡量就必然能夠了解，能夠了解就必然能夠改變。如果沒有持續的、有條理的、準確的記錄，理財計劃是不可能實現的。因此，在開始理財計劃之初，詳細記錄自己的收支狀況是十分必要的。

記錄分收入和支出兩部分，每天花 5 分鐘時間就可以完成了。對妳持有的存款、股票、基金、房產和債券等帳戶，都做到瞭如指掌，經常計算自己的收入。對妳的負債類帳戶，如信用卡、貸款等，也應該定時或提前還款，盡量減少利息的支出。

◆ **開支分類**：每月除了留下自己必要的零用錢外，將剩餘部分全部拿出作為家庭基礎基金，列舉出當月的基礎開支，如水、電、電話等費用，列出當月生活費用開支（這裡主要指伙食費），再留少部分其他開支。

◆ **存款，習慣成自然**：大多數女性剛走上社會，薪水並不高。這時候我們要採取開源節流的理財方法，強迫自己進行儲蓄。假定妳的月收入是 30,000 元，至少要將每月 20% 的薪水存成定期儲蓄。

另外，要準備一個存錢筒，將平時身上的硬幣存起來。大多數女性都沒有用存錢筒的習慣，看到身上有硬幣，就會順手買點零食或者小飾品，這些大多都是非生活必需品。如果能在回家的時候，就將身上的硬幣放入存錢筒，重複多次以後，就會慢慢形成習慣。雖然每次投入的硬幣並不多，但是積少會成多。

◆ **購買保險**：女人都應該購買保險，高速發展的社會帶來的問題層出不窮，尤其是健康問題。女人們的壓力增大了，運動減少了。而我們手中的錢總是不夠用，結婚生兒育女需要錢，購買房子需要錢。當我們逐漸衰老，賺錢的能力越來越差，疾病開始侵襲，面對高昂的醫療費，我們手中的錢顯得更少了。最好的辦法就是給自己購買保險。

◆ **投資基金**：物價每年的增長速度這麼快，就意味著妳存在銀行的錢在不斷地縮水，雖然妳拿著和去年相同數目的錢，但是買不到同樣多的東西。怎樣才能使妳辛苦賺來的錢保值或增值呢？比較保險的方法

是：買一支定期定額基金。基金管理方會在每個月的相同時間扣除妳帳戶裡相同金額的錢，這種基金很多銀行都有代銷，辦理非常方便。等於是把自己的錢，交給基金經理去為妳賺錢。很多女人對基金不是很了解，基金業有風險，所以選擇要慎重。

合理的儲蓄和保險如同為妳的生活上了一道保險。相對來說，有一定儲蓄的女性在一些方面也獲得了一定的自由。當她不願意再從事某個枯燥的工作，她可以離職。當然，儲蓄只是被動的，能幹的女人們還應該在儲蓄的同時，想辦法開源才是。

如果把生命用一條曲線來表示，高出水平線的部分是生命的高潮，低於水平線的地方是生命的低谷。只要妳留足過冬的「糧食」，高潮時妳可以展翅飛翔；到達低谷，遭遇大雪封山時，妳也能泰然處之。

▎不必過於擔心自己年齡

說實話，大多數女性都是怕老多過於怕死。很多女人一過了 30 歲，便不自覺地開始隱瞞自己的年齡，似乎只要一說出年齡，魅力就因此打了折扣。「老」成了女人心中最大的痛。女人都喜歡魔鏡說的那句話：「妳是全天下最漂亮的女人」。夢想著如果真有阿拉丁神燈在手，一定會祈禱神燈讓自己永遠年輕靓麗。

16 歲照鏡子的時候，發現小痘痘會想方設法將其殲滅；20 歲的時候，願意嘗試天下所有化妝品，以保持傾城容顏；30 歲的時候，發現保養來保養去，皺紋和白髮仍層出不窮。女人雖不能讓自己容顏永駐，但是可以風情萬種；女人雖不能讓自己永遠年輕，但是可以將芳名留世。所以，好年華一過，美女也罷，醜女也罷，只要有一身好功夫，在人們眼中妳就是美

好的。醫生最怕病人知道病情後產生恐慌，病有藥品可治，但是恐慌卻無藥可治。女人雖怕衰老，但衰老卻仍然會如期而至。

其實，女人之所以害怕衰老，不僅僅是擔心青春逝去，容顏老去。更多的是因為她們對自己沒有足夠的認知與肯定，缺乏從容面對未來生活的底氣和自信。而這種底氣是哪裡來的？是修煉來的。只有懂得不斷地提升自己、修煉自己的心智的女人才能做到坦然面對歲月內心不恐懼。因為即便青春逝去了，但歲月留給她們的是更為厚重的禮物，那就是「人生的閱歷和成熟的心智」。

張曼玉對於很多女人來說是一個神話，一個美麗的神話。因為一路走來，她都那麼從容、那麼美麗。她 20 歲時的青澀、30 歲時的妖嬈與 40 歲時的成熟、從容都讓人覺得充滿魅力、無懈可擊，原因就在於她不曾停止她追求的腳步，不曾懈怠她的內心。在時光裡歷練，讓她擁有一份難能可貴的自信與從容。

然而，在現實生活中，很多女人除了青春就似乎沒有什麼值得驕傲的了。為了留住青春，她們在應該豐富自己的內心的時候卻把精力花在裝扮自己的外表上，甚至不惜透過整容來改變自己；在最能吃苦的時候尋求了安逸，認為與其自己吃苦不如找一個好老公；在最能學習的時候，談了戀愛……在最好的青春年華，她們把打扮、交友、享受青春時光當成了自己的全部。最終，青春耗盡，她們得到的，不過是從青春期的「無知」轉化來的「淺薄」與更多的不自信。這時候，再昂貴的化妝品也無法掩飾歲月刻在她們臉上的痕跡。女人的悲慘人生這時候才剛剛開始。

其實，女人們不知道，取悅他人不如雕琢自己，修煉自己的人生。只有蓄足「過冬」的糧食，才能活得從容不迫，才能活得幸福、有品質。筆者奉勸那些年輕的女孩，當妳每日流連於化妝品專櫃，試圖透過化妝品來

留住青春，不如給自己一顆淡定的內心。一個在青春年華卻不懂得成長的女孩子，到了年老的時候，她真的就什麼也沒有了。

　　生活中，有的女人越活越自信，越來越美麗，而有的女人卻越活越憔悴，越活越沒有底氣，擔心老去。原因就在於懂不懂得成長。

　　一個懂得成長的女人，她們懂得與其成為老去的頑石，不如學會在歲月裡將自己磨礪成一顆璀璨發光的鑽石。這樣，即便歲月老去，芳華逝盡，她的魅力依然不會隨著年齡的老去而老去。

第四章　塑造強大的心靈

　　有些女性，一方面承載著家庭、事業的沉重負擔，另一方面卻又找不到自己人生的方向與生命的價值感。於是，很容易就陷入迷茫與無聊的生活狀態中，失去了生命追求，甚至於失去了生活的起碼動力和慾望。

　　其實，任何一個人的內心需求都遠遠大於自身對物質的需求。一個女人若想從疲憊不堪、沒有方向感的生活狀態中掙脫出來，她不但要關注自身的外在需要，還需要關注自己的內心需求，讓自己的心靈成長起來。

　　只有心靈成長，才能內化修養、外顯氣質，讓自己變得智慧而慈悲；也只有心靈成長，才能做到不僅在精神上充實自足，還能有餘力關懷別人，幫助別人。這樣的女人，她的人生無疑是最有意義的。

▌學會與自己的心靈對話

曾有人問古希臘大學問家安提西尼（Antisthenes）：「你從哲學中獲得什麼呢？」安提西尼回答說：「與自己談話的能力。」現代心理學的發展也證明，適當地和自我開展對話，有助於我們改善情緒、調整心態、實現自我釋放、完成自我溝通。

與自己談話是一種能力，更是一種內在功力。這種內功可以幫助我們驅散心靈的烏雲，清掃心靈的塵埃。擁有這種內功的人會變得越來越明智、越有內涵、越清明、越思進、越充實、越自信、越強大，也越有承受力。

李雪峰學的是農林管理，剛剛進入職場時，上司決定讓他和其餘五個年輕人去森林深處做護林員。他愉快地背著行李進駐到了原始森林的深處。

那是怎樣原始而遠離塵世的森林啊！每一棵樹都生長了幾百年，林間的落葉堆積得厚厚的，瀰漫著一縷縷遠古的腐殖質腥臭，許多粗大的樹幹上都生滿了斑斑駁駁的青苔。那些草鹿和狼等動物還沒有見識過人，牠們對他一點也不害怕，只是好奇地遠遠望著他。他們每一個人看護的林地有方圓三十多公里那麼大，林區沒有一戶人家，也沒有一條路，到這裡生活，自己像突然被拋棄到了世界盡頭，與那些參天的一棵棵古樹一樣，自己從現代社會裡被剝離出來，一下子成了原始人。

臨走之前，熟悉的人對他說，到原始森林裡去生活，最重要的是要時常記得自己和自己說話，要不然，三年五年過去，人就連話也不會說了。他聽了，心裡很好笑，一個說了二十多年話的人，怎麼會突然不會說話了呢？但剛到這原始森林裡生活了半個月，他就明白了，人們告誡他的是

正確的，因為這裡遠離塵世，沒有人和他說話，來了半個月，除了自己曾面對林野吼過幾首歌，自己連半句話也沒有說過。如果這樣下去，總有一天，自己肯定會變成一個不會說話的啞巴的。他害怕了，於是，他開始嘗試著和自己說話。

他對著自己的影子說：「你好！」

他對著大樹滔滔不絕地說話，對著林間的小鳥說話，對著林地裡的小草和野花說話，對著汩汩流淌的小溪說話。夜裡，躺在窩棚裡，他一個人對著自己的心靈說話。剛開始的時候，任他怎麼說，自己的心靈只是那麼默默地傾聽，一句話也不說，一點反應都沒有。過了一段時間，他發覺心靈會與自己對話了，就像一個耐心的朋友，有時他說話，他的心靈在傾聽，有時，他的心靈在說話，他的耳朵在傾聽。

兩年多後，他和其他四個護林員回到林場裡，他驚訝地發現，除了自己，他們四個人已經不會說話了。別人與他們說話，他們只是沉默地瞪著眼睛聽，然後不聲不響地轉身走了，成了並不是殘疾的啞巴。但他卻不同，他不僅話語流暢，而且每句話都清新而充滿哲思，後來他用筆把自己的話記錄下來，成為字字珠璣的靈性散文，頻頻發表在報紙雜誌上，他成了一位小有名氣的作家。

人們很奇怪，同樣在大森林形單影隻地孤獨生活，那些人成了「啞巴」，而他卻成了一位充滿哲思的作家。人們問他為什麼，他只笑笑說：「因為我常常和自己的心靈對話，而他們卻沒有。」

是啊，一個人若想不失去「自己的聲音」，就應該學會常常和自己的心靈對話。只有和自己的心靈對話，妳才能夠聽到上帝的聲音；只有和自己的心靈對話，妳才能夠聽到生命和靈魂的聲音；只有和自己的心靈對話，妳才能夠常常自省，才能聽見自己漸漸走近成功的聲音。

對於一個女人來說，若想讓自己的心靈強大起來，讓自己的生命力更頑強，更有承受力，就應該培養與自己的心靈對話的能力。

那麼，我們怎麼樣才能與自己的心靈對話呢？

◆ **學會獨處，靜下心來傾聽自己心靈的聲音**：很多人覺得生活節奏如此快，怎麼會有時間去獨處呢？其實，即便工作壓力、生活壓力等各種重負如影隨形，總會有片刻時光可以供一個人細心品味。不妨找個假日，獨自一個人在鄉下麥田裡散步；或者清晨早起，獨自去感受一下朝陽破曉的恢弘和壯美；抑或是在街邊花園的長椅上閒坐片刻，吹吹風；還可以佇立在無邊空曠中，感受大自然的那份清靈和寬闊。獨處時，我們會有時間和機會去重新思考自我定位、價值系統和精神狀態。

◆ **要忍受寂寞**：在寂寞中，一個人不會失去理智，會更清楚自己的不足，更明確自己的努力方向，會更多地看到別人的優秀之處。比如，寫日記就是在與自己對話，獨享那份寂寞。

◆ **要閱讀，要思考**：與自己的心靈對話，是一種自我修煉的過程，在這一過程中，需要大量的閱讀和不斷的靜心思考，需要一個人真正把自己當成朋友來交流。只有這樣，才能聽到自己內心的聲音，讓這些指導自己的生活。

◆ **要多與自己做正向的談話**：與心靈對話分正向自我談話和負向自我談話。比如，當妳心情低落沮喪的時候，如果妳能夠像知心好友一樣，不斷安慰、主動體貼、積極引導自我的話，那麼負面情緒就會得到逐步改善，這種自我對話方式稱之為正向自我談話；如果妳選擇責備自己、過分指責自己、對自我吹毛求疵的話，那麼負面情緒就難以消除，痛苦只會水漲船高，這種自我對話方式就稱之為負向自我對話。

在開展自我對話的時候，一定要注意對話的方式，不能讓負向自我對話占據了對話的主動權，而是要採用建設性的談話態度、選擇那些鼓勵性的語言來引導對話的走向，而不是讓自我一味地沉迷在負面情緒當中而不能自拔。

點一盞心燈，被心燈的光芒籠罩的內心深處，就是心靈的桃花源。懂得與心靈對話的女人，不管外面的世界多麼的紛繁複雜、光怪陸離，都能夠保持真實的自我與心靈的安寧和諧！

▍「感恩」給生命注入力量

「感恩」二字字典中給的定義是：樂於把得到好處的感激呈現出來且回饋他人。一個人在感恩的時候，他的內心裡就在承受更大的恩，這恩是來自自身的善意，因此，他會活得快樂而堅定，勇敢而有力量。因為懂得感恩，他們看待問題不會偏激，想事情不會光顧著自己，他會顧全別人的感受，推己及人。

一個懂得感恩的女人更會快樂、幸福、樂觀而容易滿足，她不會因為小小的不如意就怨天尤人，不會因為一點點的失落就煩惱不已。一個感恩的女人內心是溫暖的，因為，她始終覺得自己是被喜愛、被幫助、被關懷的，孤獨感因此而被驅散，對世界的懷疑和對抗也因此而消弭。這樣的女人更熱愛生活，珍惜生命，心態也更平和。

誼歡 30 歲就成了公司的行政總監，對於剛工作滿六年的她來說，這是讓人驚豔的成就。對此，誼歡除了在公開場合感謝公司，感謝給予她幫助的人外，心裡還在感謝著一個人：曉燕。

她們彼此是公司的同期。曉燕的工作能力不算強，但是人際關係處理得很好，才工作兩年，便被提升成人力資源部經理，薪水也一漲再漲。而

作為同學，也是競爭對手的誼歡還在原地踏步，面子上感到實在過不去。

但誼歡壓制住了自己的嫉妒心，她勸慰自己：找到一份還算不錯的工作已經不容易了，何況公司的上司很重視對她的培養。先不去想什麼時候可以實現自己的目標，而要問問自己能否為目標全力以赴。

接下來的日子裡，誼歡工作的更加積極了，每次遇到出差的機會或新的業務，總是兢兢業業、全力以赴。在對工作的執著摸索中，逐漸找到了一套很好的工作方法。她還經常參加一些培訓班和成功人士的講座，不但增長了見識，而且提高了工作能力。終於在工作的第六個年頭，被晉升為行政總監，成為公司高級主管。

感恩，讓我們回歸生命的平衡。常懷感恩的心，適當表現自己的謝意，同樣能令被感激的人快樂！感恩是人與人的互動，是人與世界的互動，懷有感恩之情的女人心中充滿了力量和愛，因此也活得幸福而快樂。

在人的一生之中，其他人的恩情很難超越父母的恩情。父母恩重如山。若是父母老了，子女就嫌棄他們，這樣的人對待父母尚且如此，對待朋友更不用說了。一旦朋友不能提供給他利益時，他也可能像對待父母一樣，棄朋友而去。一個人如果對父母都不好，那他對別人不可能真的好。

有一個商人，他打算找一個合夥人。聽說有一個人特別會做生意，他就慕名前去拜訪。兩個人一拍即合，很快把條件都談妥了。合夥人很高興，就請這個商人到自己家裡吃飯。席間，兩個人吃得高興也談得開心。

聊著聊著，商人就問道：「你的父母可都健在，你沒跟他們一起住嗎？」

合夥人說道：「父母年老，體弱多病，所以沒有讓他們出來跟你一起吃飯。」

商人就讓合夥人請出他的父母來。兩位老人顫抖著來到飯桌後，合夥人對父母一點也不恭敬，還訓斥著父母。

商人一見，放下酒杯，站起來說道：「我想我得中止我們之間的合作了。像你這種人，對待父母尚且如此，是沒誰能跟你合夥的！」說完，商人頭也不回地走掉了。

任何人都期望與一個懂得感恩的人交流。這樣，在交流中沒有風險，而且這樣的人也值得託付責任。一個有孝心、懂感恩的人，雖然未必有能力獲得成功，但是一個成功的人，一定具備這種品質。一個沒有感恩之心的人，是很難在社會上立住腳的，也是得不到社會認可的。

一個經常懷著感恩之心的人，心地是坦蕩的，胸懷是寬闊的，會自覺自願地幫助別人，以助人為樂。那些不會感恩的人，血是涼的，心是冷的，帶給社會的只有是冷漠和殘酷。這樣的人如果多了，社會就會變成冷酷而毫無希望的沙漠。

感恩之心是一顆美好的種子。人生不光要懂得收藏，還要懂得適時地播種，因為它們能給人們帶來愛和希望。

「愛心」是開在心上的花朵

仁愛是人類的靈魂，是一個人最基本的道德品質。對於一個人來說，沒有什麼能比愛和善良更重要的了，這是社會的基礎和前提。

很多時候，愛心能夠創造奇蹟。

瑞恩出生於一個普通家庭。6 歲時，老師講解非洲的生活情況：那裡的孩子們沒有玩具，沒有足夠的食物和藥品，很多人喝不上潔淨的水，成千上萬的人因為喝了受汙染的水而死去。我們的每一分錢都可以幫助他們：1 美分可以買一支鉛筆，60 美分夠一個孩子兩個月的醫藥開銷，2 美元能買一條毯子，70 美元就可以幫他們挖一口井……

聽到這些，6 歲的小瑞恩深受震驚，幼小的心靈被愛心激發了不可思

議的力量，他想為非洲孩子捐獻一口井。當他把這個想法告訴媽媽時，媽媽並沒有直接給他這筆錢，但也沒有把他的想法當成小孩子頭腦發熱時的衝動，只是讓他在所承擔的正常家事之外自己賺錢。

從此以後，小瑞恩就開始在家裡賺錢了：哥哥和弟弟出去玩，他在家裡清理地毯賺了 2 美元；全家去看電影，他留在家裡擦玻璃又賺到 2 美元；幫爺爺撿松果；幫鄰居撿樹枝……

小瑞恩堅持了 2 個月，終於存夠了 70 美元，交給了相關的國際組織。然而，人們告訴他：70 美元元只夠買一個水泵，挖一口井要 2,000 元。聽到這個消息後，小瑞恩雖然有些失望，但是並沒有放棄，繼續賺錢，為了湊足 2,000 元。一年以後，透過家人和朋友的幫助，他終於籌集了足夠的錢，在烏干達的安格魯小學附近捐助了一口水井。

人們以為瑞恩的願望終於達成，他也可以歇一歇了，然而，瑞恩並沒有就此停止，因為還是有很多人喝不了乾淨的水。存錢買一臺鑽井機，以便更快地挖更多的水井，讓每一個非洲人都能喝上潔淨的水，成了瑞恩的夢想。他決定堅持下去。

受瑞恩的影響，千百人參加了瑞恩的活動，並成立了「瑞恩的井」基金會，籌款已達 75 萬美元，為非洲 8 個國家建造了 30 口井。這個普通的男孩，也被評選為「北美洲十大少年英雄」，影響著越來越多的人去關愛和幫助他人。

愛，具有不可思議的力量，它能使一個人的生命得到昇華，能夠提升一個人的生命意義和人生價值。有愛的人內心強大而豐盈。

對於女人來說，她最大的魅力不是是否明豔、動人，也不是事業是否成功，而是她是不是有愛心。女性的內在價值是透過多方面展現出來的。事業僅是價值的一部分，更多的是那種關心弱者的愛心。對於聰明的女人

來說，她們總是以一種虛懷若谷的態度對待她所接觸的任何人，在她們身上看到的是種種充滿愛心的舉動。她們的一言一行都會受到人們的讚揚和仰慕。

很多時候，「愛心」與幸福、快樂形影不離。一個富有愛心的女人總是快樂的，她與人為善，懂得同情和理解他人，關愛生命。因此，她的笑容更燦爛，她的內心更溫暖、祥和，她更能有一顆包容、慈悲、憐憫、體諒的心。

楊敏與老公分居兩地，因為還沒有孩子，楊敏的生活兩點一線，索然無味。有一次，她在網路上發現有人在組織「愛心女人」活動，抱著嘗試的心理楊敏報了名。

接下來，楊敏經常參加一些社會救助活動，如到孤兒院看望孤兒，到養老院給老人送溫暖，為山區的孩子捐贈等。慢慢地，楊敏的心情變得輕鬆起來，精神也很愉悅。她發現散播愛能讓自己收獲更多的愛，因此，為了愛心活動，她投入了更多的時間和精力。

現在，對於楊敏來說，「獻愛心」已經成了她生活中不能缺少的新元素。

一個充滿愛心的女人是美麗的，一個懂得同情弱者的女人更是富有人情味的。做一個美麗而有人情味的女人，能讓女人的生命變得更加璀璨和精彩！

妳只要相信「這的確是一個美好的世界」，那麼她就是真的會變成一個極其美好的世界。

▊給予別人溫情，溫暖的是自己

　　謝里爾是個商人，人過中年，事業上卻遭受了打擊，因此情緒十分低落，不願意與人交流。為了擺脫生活的陰影，謝里爾和妻子來到了另一座城市，搬進了新居。

　　一個週末的晚上，謝里爾和妻子正在整理房間，突然停電了，屋子裡一片漆黑。謝里爾很後悔搬來的時候沒有帶蠟燭，只好無奈地坐在地板上抱怨起來。

　　門口突然傳來輕輕的、略為遲疑的敲門聲，打破了房間裡的寂靜。

　　「誰呀？」謝里爾在這座城市並沒有熟人，也不願意在週末被人打擾。他很不情願地站起來，費力地摸索到門口，極不耐煩地開了門。

　　門口站著一位小女孩，她怯生生地對謝里爾說：「先生，我是您的鄰居。請問您有蠟燭嗎？」

　　「沒有，」謝里爾冷漠地說了句，然後「嘭」的一聲把門關上了。

　　「真是麻煩，」謝里爾對妻子抱怨道，「討厭的鄰居，我們剛剛搬來就來借東西，這樣下去怎麼得了！」

　　就在他滿腹牢騷的時候，門口又傳來了敲門聲。

　　打開門，門口站著的依然是那位小女孩，只是手裡多了兩根蠟燭，「奶奶說，樓下新來了鄰居，可能沒有帶蠟燭來，要我拿兩根給你們。」

　　謝里爾頓時愣住了，一會兒才緩過神來，說道：「謝謝妳和妳奶奶，上帝保佑妳們！」

　　在那一瞬間，謝里爾猛然意識到，自己失敗的根源就在於自己平時對人太過冷漠。屋子亮了，心也亮了。

　　不要盲目埋怨現實生活的冷酷無情。生活中欺騙妳的往往不是別人，

而是妳自己的雙眼被冰冷的心靈蒙蔽。

　　為人冷淡是孤僻最明顯的表現。孤僻是一種怪癖而不合群的人格缺陷。孤僻的人不願意與別人接觸，對周圍的人常有厭煩、鄙視或戒備的心理。他們猜疑心較強，容易精神過敏，辦事喜歡獨來獨往，總是被孤獨、寂寞和空虛困擾。孤僻的人缺乏朋友之間的歡樂與友誼，交流的需要得不到滿足，內心往往非常苦悶、壓抑、沮喪，感受不到人世間的溫暖，看不到生活的美好。

　　現代社會，交通、通訊越來越發達，人們的生活豐富多彩，卻越來越多的人聲稱自己內心孤獨。心理學研究發現，孤僻性格的成因比較複雜，一般情況下，與早年的經歷關係比較大。缺乏父愛母愛、過於嚴厲、粗暴的教育方式，得不到家庭的溫暖，會讓人變得畏畏縮縮、自卑冷漠，不相信任何人，最終形成孤僻的性格。另外，在人際交流中受過挫折的人，會有「一朝被蛇咬，十年怕井繩」的心理，往往也不願意與人交流。

　　多參加正當、健康的社交活動，在活動中逐步培養自己開朗的性格。要敢於與別人交際，虛心聽取別人的意見，同時要有與任何人成為朋友的願望。這樣，在每一次交流中都會有所收獲，豐富知識經驗，糾正認識上的偏差，獲得了友誼，愉悅了身心。長此以往，孤僻者就會喜歡交際，喜歡結群，變得隨和了。

　　若想擺脫孤獨感的折磨，就像身處一個無人的山谷，只有自己主動向外走，才能離開這片荒涼之地。同樣的，要獲得豐富深刻的人際關係，妳必須走出自己的小圈子，真誠而熱情地對待別人，向人多施予一點溫情。

▌讓太陽生長在心底

人的注意力是有限的。當妳把自己的目光投注在陰影上時，又怎麼可能看得到陰影的旁邊就有陽光呢？所以，遠離人生的黑暗，從抑鬱中擺脫出來的方法並不複雜。只要讓妳的心底長出陽光，就能照亮人生的黑暗。

那麼，如何才能讓自己的心底長出陽光呢？下面介紹幾條技巧，只要妳反覆地認真試行，就能消除或減輕妳心中的痛苦與煩惱。

◆ **遇事要多朝好的方面想**：有時，女人變得焦躁不安是由於碰到自己無法控制的局面。此時，妳應承認現實，然後設法創造條件，使之向著有利的方向轉化。此外，還可以把思路轉向別的事上，諸如回憶一段令人愉快的往事。

◆ **不要把目光盯在「傷口」上**：如果某些煩惱的事已經發生，妳就應該正視它，並努力尋找解決的辦法。如果這件事已經過去，那就拋棄它，不要把它留在記憶裡。尤其是別人對妳的不友好態度，千萬不要念念不忘，更不要認為「我總是被人曲解和欺負」。當然，有些不順心的事，適當地向親人或朋友吐露，也可以減輕煩惱造成的壓力，這樣心情可能會好受一些。

◆ **要意識到自己是幸福的**：有些想不開的人在煩惱襲來時，總覺得自己是天底下最不幸的人，任誰都比自己強，其實，事情並不完全是這樣。也許妳在某方面是不幸的，而在其他方面依然是很幸運的。如上帝把某人塑造成侏儒，但卻給他一個十分聰穎的大腦。請記住一句話：「我在遇到沒有雙足的人之前，一直為自己沒有鞋而感到不幸。」生活就是這樣捉弄人，但又充滿著幽默之味，想到這些，妳也許會感到輕鬆和愉快。

人生之路，風雲變幻，沉浮不定，有坎坷的山路，也有隱晦的沼澤。但是只要我們的心靈選擇了陽光，那麼在人生通往成功與幸福的道路上，我們就已經遠離了黑暗和沉淪。

▍培植樂觀積極的心態

同一片天空，樂觀的雄鷹會說：「海闊憑魚躍，天高任鳥飛。」悲觀的雛鳥會說：「前方路漫漫，何處才是我嚮往的天堂呢？」同樣的，在面臨人生的坎坷時，樂觀的人會勇往直前，相信「山重水複疑無路，柳暗花明又一村。」而悲觀的人卻總認為自己不行，從而輕言放棄。殊不知連自己都信不過的人，成功又怎會垂青於他呢？其實人與人之間只有很小的差異，即心態的差異，但這種差異卻會產生巨大的差別，即成功與失敗的差別。也就是說，心態決定成功。人的心理具有操縱人類命運的巨大能力。

有這樣一個故事——

美國有一對兄弟，一個出奇的樂觀，一個卻非常悲觀。

他們的父母希望兄弟倆的性格都能改變一些。

有一天，他們把那個樂觀的孩子鎖進了一間堆滿馬糞的屋子裡，把悲觀的孩子鎖進了一間放滿漂亮玩具的屋子裡，以為這樣便能讓孩子的性格有所改變。

一個小時後，他們的父母走進悲觀孩子的屋子時，發現這個孩子正坐在一個角落裡，一把鼻涕一把眼淚地哭泣。原來，他不小心弄壞了玩具，他擔心父母會責罵自己。

當父母走進樂觀孩子的屋子時，卻發現孩子正在興奮地用一把小鏟子挖著馬糞，把散亂的馬糞鏟得乾乾淨淨。看到父母來了，樂觀的孩子高興地叫道：「爸爸，這裡有這麼多馬糞，快告訴我，你們把馬藏在哪裡？」

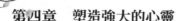

　　這個樂觀的孩子就是後來的美國總統雷根。他從送報童到好萊塢明星，再到州長，直至當上了美國總統。

　　雷根總統之所以能夠獲得成功，與他積極、樂觀的人生態度是分不開的。因為思想樂觀，情緒也就積極了；反之，思想悲觀，情緒也就消極了。樂觀、積極的心態能使人看到希望，激發自身的潛能，有助於克服困難，保持進取的旺盛鬥志。而消極的心態則是使人沮喪、抱怨、失望，自我封閉，限制和扼殺自己的創造力。因此，我們應該培養積極的心理素養，以使妳的生命按照妳的意思提供報酬。沒有了積極心理素養，妳就無法成就什麼大事。妳的心理素養是妳的，而且只有妳能完全掌握它。學會控制妳的心理素養，並且利用積極心理素養引導生活。

　　積極樂觀的心態需要長期不懈的學習。它就像一種熟練的技藝，手到自然心到，很快就會成為習慣。

　　當遇到問題無法解決時，妳不妨試著幫助別人解決問題。千萬不要因為自己遇到麻煩而拒絕幫助別人。事實上，妳在幫助他人解決問題的同時，妳自己也正在洞察解決自己的問題的方法，因為靈感時常會在不經意間來臨。

　　雖然在某些事情上，我們可以表現出積極樂觀的心態，但如果想在對待任何事情上都能做到這樣，則不是一件容易的事。就像拿破崙·希爾指出的：「積極的心態需要反覆的學習與實踐。就像我們打高爾夫球那樣，妳可能在某個時刻打了一兩桿好球，便以為自己懂了這項運動，但在下一個時刻，妳可能連球都擊不中呢！我們需要每天學習，以克服自己的不良習慣，將自己調整為正向的思考方式。」

　　積極的心理有助於克服困難，使人看到希望，保持進取的旺盛鬥志。消極的心理使人沮喪、失望，對生活和人生充滿了抱怨，自我封閉、限制

和扼殺自己的潛能。積極的心理創造人生，消極的心理消耗人生。積極的心理是成功的起點，是生命的陽光雨露，讓人的心靈成為一隻翱翔的雄鷹。消極的心理是失敗的泉源，是生命的慢性殺手，使人受制於自我設置的某種陰影。如果妳想成功，想把美夢變成現實，就必須摒棄這種扼殺妳的潛能、摧毀妳希望的消極心理素養。

擁有積極心理素養的人的身上永遠洋溢著自信，他們會用自己的行動告訴妳：要有信心，信心是妳無限魅力的來源，要相信妳自己，世界上最重要的人就是妳自己，妳的成功、健康、幸福、財富都要依靠妳自己，應用妳看不見的法寶，那就是積極心理因素。積極人生的至理名言是：自己掌握自己的命運，自己做自己的主人。

▎女人的快樂源於樂活的心態

每個女人都希望自己的生活能夠健康、快樂、平安。但這真的不容易，每個女人的心中似乎都有一本難念的經，即使表現得很快樂，但總有那麼一些缺憾，那麼一點不圓滿。

其實，生命的精彩由自己決定，快樂不快樂同樣都是自己的事。作為女人若想獲得真正的快樂，最重要的是要熱愛生活，熱愛自己，有一顆樂活的心。

王衛夫婦因為工作需要，搬到了離公司較近的一個社區。住了一段時間，他們發現每天晚上 8 點左右，就能聽到一男一女在彈吉他、唱歌，有時是男的唱，有時是女的唱，偶爾還合唱。而且聽得出來，他們的吉他彈得相當嫻熟。

一天晚上，吉他聲又響起，王衛就問妻子：「妳覺得是什麼人在那裡彈唱？」

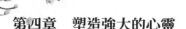

妻子說：「當然是一對快樂夫妻。」

「他們為什麼這麼快樂呢？夜夜彈唱，竟然沒有一天憂愁。」

妻子說：「他們肯定是很春風得意了。」

於是，他們倆開始猜測那對夫妻的職業、年齡以及他們的經濟狀況，吉他彈得這麼好應該是某個大學的音樂老師，而且只有老師才這麼有空閒、有情趣，如今老師的薪水自然也不差的。

說著說著，王衛的妻子嘆口氣說：「看看人家，過得多愜意，我們一天到晚累個半死才賺這麼點薪水，真是比不上人家。」

說著說著，倆人都覺得心裡不平衡起來，吉他聲聽著也不美妙了，倒成了一種故意炫耀。

終於，在吉他聲又響起的時候，王衛的妻子忍不住對丈夫說：「走，我們去看看，叫他們不要唱了。」

他們循聲而去，但是發現聲音是從社區外面的一間破舊平房裡傳來的，大學老師怎麼會住在這裡呢？他們疑惑地走近敞開的門，看見一對殘疾夫婦，丈夫斷了右手，妻子斷了左手。彈吉他的時候，丈夫按弦，妻子撥弦，兩個人的獨手竟配合得像一個人的左右手一樣嫻熟。在他們的身邊是一堆拆開的電器，原來他們是一對以修理電器為業的殘疾人夫婦！

王衛夫婦愣在那裡，這時斷了右手的丈夫問：「要修理電器嗎？」

王衛回過神來忙說：「哦，我家的一臺電視壞了，能修好嗎？」

斷了左手的妻子說：「你放心，修電器比彈吉他還容易。」

王衛的妻子感嘆說：「難得妳們這樣樂觀。」

那位斷了左手的妻子用右手撥了撥頭髮，微笑著說：「我們斷了兩隻手，已經失去太多，不能再失去好心情。」她的回答，讓王衛夫婦震撼了很久。從此以後，他們也改變了對生活的態度，找回了丟失多年的好心

情，也成了快樂夫妻檔。

那麼女人如何才能擁有樂活的心態和快樂的人生呢？以下是建議：

◆ **保持微笑**：微笑像冬日的一縷陽光，給家人帶來快樂，給同事帶來溫馨，給工作帶來成功，給自己帶來自信。微笑裝扮著女人，也點綴著她平凡的生活，讓她快快樂樂充實地過每一天。快樂的女人知道怎樣調節自己的情緒，善於從身邊尋找快樂。失意時不自怨自艾，興奮時也不會大喊大叫，只是默默地品味。她或許會羨慕別人，卻不會嫉妒別人。她會由衷地讚美一切好的事物：早上的陽光、傍晚的餘暉、女友的時裝、朋友的業績……

◆ **熱愛妳的生活，享受妳的生活**：一個熱愛生活的女人會把生活過得很有情趣，雖然平凡卻有滋有味。她們擅長經營溫馨的港灣，會做可口的飯菜，會織合身的毛衣，會處理好家庭關係，會有禮貌地招待客人。對伴侶體貼入微，對孩子關懷備至。忙時不慌不亂，沉著冷靜，閒暇時種花養草，賞雲觀月，聽聽音樂，讀讀書，逛逛街，梳理散亂的情緒，放飛美麗的心情！

因為熱愛生活，因此，這樣的女人很容易獲得快樂！

◆ **不要有過強的慾望**：充滿太多慾望的心是不會享受到快樂的。一個女人只有保持一顆平常心，才能獲得輕鬆自在，才能不被過多的慾望折磨得沒有了自己。當然，平常心並非自甘平庸，有平常心的女人同樣有著自己的追求和理想，會腳踏實地地做好自己的工作。

◆ **要有一顆愛心**：沒有愛的女人是不會真正快樂起來的。富有愛心的女人，心地善良，熱愛家庭，熱愛工作，關心周圍的人們。不僅會為不幸的人們落下同情的眼淚，也會向有難的人們伸出援助之手。她容易感動，也以自身感動著別人。

◆ **要有廣闊的胸襟**：一個女人若想獲得快樂，還應該有寬廣的胸襟，能包容家人的缺點，寬恕朋友的過錯，容忍同事的誤解。她不會斤斤計較，不會針鋒相對。快樂的女人有時也會故作糊塗，因為糊塗也是一種修養。

◆ **要有自信**：自信的女人就像一縷春風，為別人帶來輕鬆愉悅。她們身上有一種無形的光芒，吸引著妳走向她。她工作細心踏實，成績突出，且善於掌握異性的心理，和他們友好相處。生活中，知道怎樣寵愛自己，鍛鍊身體，陶冶性情。健康的身體，不老的容顏，讓她神采奕奕，魅力無窮！她自信，她也快樂！

女人最美的時刻也是最快樂的時候。快樂是很容易得到卻又難以掌握的，快樂不需要任何庸俗的東西來做載體。也許妳什麼都沒有，但妳擁有快樂，那麼妳就是這個世界上最富有的人。

別讓自己活在抱怨中

常常見到一些上了年紀的老人，她們依然精神奕奕地生活著，一臉的安詳。她們經常告訴身邊的人：人生就是一場旅程，有好的也有不好的，順其自 然就行，為什麼要去抱怨呢。

然而，並不是每個女人都有這樣的智慧。在現實生活中，常有一些女人，喜歡抱怨這抱怨那，一不小心就成了一位滿心怨氣的怨婦。這樣的女人，身邊的人不願意親近她，機會和成功也遠離她。

「煩死了！煩死了！」剛剛上班，佩羽就在那裡不停地嘮叨。

「一天的好心情，剛上班就被妳破壞了！」一位同事經過佩羽身邊時小聲自言自語。

　　作為公司行政助理的佩羽，事務繁雜。可是，話說回來了，佩羽是公司的「管家」，公司員工有事不找她又能找誰呢？其實，佩羽本來是一個性格開朗的人，雖然時不時發一點牢騷，但是卻將該做的事情做得井井有條。舉凡設備維護、辦公用品購買、訂購機票、訂客房之類的，佩羽每天都忙完這件忙那件，停不下來。

　　剛為總裁訂好機票，銷售部的鈞衛就來領膠水。佩羽不滿地說：「妳前天不是剛領了筆嗎？今天領這個，明天領那個。」佩羽煩躁地將抽屜打開，翻出一瓶膠水，往桌子上一扔，「以後東西能不能一起領？這樣妳省事，我也省事。」鈞衛滿臉尷尬，半開玩笑半認真地回了一句：「妳每次找人家辦事都甜言蜜語的，人家一有事找妳，妳就沒有一句好聽的。」

　　佩羽在公司也確實是無人可替代的，因此雖然有的時候得聽她發兩句牢騷，也沒有人真和她爭個面紅耳赤。但是，佩羽的那些牢騷話，「煩死了」、「就妳的事情多」、「不是幫妳做過了嗎」之類的，實在讓人聽著不舒服。有些同事也或輕或重地提醒佩羽，但是佩羽總是不以為意，她認為我將工作做得那麼好，妳們還在那風言風語的。

　　年終公司進行優秀員工評比，總裁認為佩羽肯定會入選，可是，投票的結果是，佩羽只得了一張票，那張票還是總裁投的。

　　一個情商高的女人是不會終日長吁短嘆的，她懂得抱怨無益，與其抱怨生活的痛苦不如豁達地度過每一天。一個對生活不抱怨的女性，一定有一顆豁達的內心，經歷了人生的起伏，看淡了人生的一切。她擁有一顆屬於自己的寧靜的心靈，不會受到苦難或打擊的困擾。活得灑脫，也過得安詳。

　　人們常說，在生活裡最可怕的兩個字就是「抱怨」，抱怨解決不了任何問題，只會讓自己不開心，而一種信念的支撐，則更容易讓人生接近圓滿。

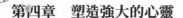

每個女人在生活中都會經歷苦痛、淚水、掙扎，乃至破碎。一個內心強大的女人，是不會被這些不幸的經歷、瑣碎的生活壓倒的，她會把自己的經歷當作人生的一筆財富，當作成熟的代價。堅強地生活，不怨天尤人，並且對生活和未來抱著無限美好的希望。

如果說活著是一種心態，那麼不抱怨的人生就是一種境界了！

陽光總在風雨後

一頭驢子不小心掉到一口井裡，牠不斷地叫喊求救，期待主人把它救出去。

驢子的主人召集了數位鄰居幫忙，但是大家都想不出好的辦法搭救驢子，反倒是認定，反正驢子已經老了，「人道毀滅」也不為過，況且這口枯井遲早也是要填上的。

於是，人們拿起鏟子開始填井。當第一鏟泥土落到枯井中時，驢子叫得更驚恐了！牠顯然明白了主人的意圖。

又一鏟泥土落到枯井中，驢子出乎意料地安靜了。人們發現，此後每一鏟泥土打在牠背上的時候，驢子都做了一件令人驚奇的事情：牠努力抖落背上的泥土，踩在腳下，把自己墊高一點。

人們不斷地把泥土往枯井裡鏟，驢子也就不停地抖落那些打在背上的泥土，使自己再升高一點。就這樣，驢子慢慢地升到枯井口，在旁人驚奇的目光中，驢子輕鬆地走出來了！

假如我們現在就身處枯井中，求救的哀鳴也許換來的也只是埋葬我們的泥土。但驢子教會了我們走出絕境的祕訣便是拚命抖落打在背上的泥土，那麼本來埋葬我們的泥土便可成為自救的臺階！

在人的一生中，要經歷許多的痛苦與磨難。對於一個天生懦弱的人來

說，一次的痛苦經歷就可以把他推向一蹶不振的絕境。反之，一個堅強的人，會把痛苦與磨難當作人生中的「磨刀石」，經過「磨刀石」的磨礪，會變得更加堅韌而有張力。

小施大學畢業以後就嫁給了自己的大學同學，丈夫年輕有為，結婚不久就攜家帶眷定居在香港。小施覺得自己很幸運也很幸福。

可是後來，小施的丈夫認識了一位更加年輕漂亮的女人，就跟小施離了婚，把兩個女兒都留給了小施。小施覺得自己被拋棄了，萬念俱灰的她本想一死了之，但她實在捨不得自己那兩個年幼的女兒，只好選擇了堅強。

小施把眼淚咽到肚子裡，憑著自己扎實的英語基礎，很快就在香港找了一份英文老師的工作。因為成天忙著帶孩子，忙著工作，小施的生活過得相當充實，很快，她就闖過了難關，重新展露出快樂的笑容。

回想那段備受煎熬的日子，小施深有感慨：在我剛剛離婚的那段日子裡，我覺得自己被拋棄了，很失敗，在心理上矮了半截，連自信心都沒有了。後來我調整自己的心態，我覺得其實我不要弱化自己，我跟他其實誰都不欠誰，我們不過是沒有緣分在一起而已。因為這樣想了，所以心裡也輕鬆了不少，至少不那麼悲觀了。沒有了他，世界上還有許多愛我的人，我如果連自己都不愛，又怎麼能讓別人愛自己呢？因為不再自怨自艾，自暴自棄，因此覺得自己一下子強大了起來。現在想想，我很感謝這段經歷。我們希望能夠生活得健康、快樂、平安，但是真不容易，每個人都有一本難念的經，即使表現得很快樂，總有一些不圓滿。如何做一個快樂的女人？做快樂的女人要具備哪些元素？在生活中，究竟是哪些元素令她們快樂？這些快樂到底是我們想像的，還是真實的，還是演給別人看，讓別人評價的？讓我們回歸自己，回歸心靈，做一個內在充實有魅力的女人。快樂就在我們身邊。

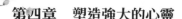

　　很多時候，當我們覺得自己是處在最差、最低谷、最不如意的時候，禮物就要出現了，所以不要讓自己沉淪下去，一蹶不振，而應該憑藉本能往上走。走出絕境，頭頂就是一片晴空。

　　作為女人，我們可能會不時遭遇到這樣或者那樣的不順利，面對不順，不同的思路就會有不一樣的感受。如果我們能將之視為我們生活中的一個小小的插曲，那麼，就不會沉陷其中，讓絕望淹沒了自己。

　　生活從來就不是一帆風順的。作為一個女人，妳不一定要有天使般的面孔，但一定要有一顆經得起磨礪的內心。經得起生活考驗的人，一定是個堅強的女人，一個內心淡定的女人，她在生活的磨礪中，將會越來越有魅力，就像鑽石一樣散發出璀璨的光芒。

▌學會在苦難中尋求幸福

　　生活，有悲有喜，起伏不定，但是太陽卻依然光亮，月亮仍然美麗，星星依舊閃爍……一切的一切仍舊是那麼和諧。生命依然會有著更美麗的色彩，需要我們去開發。明天，總是美好的。只要我們有心，只要我們在艱難中咬緊牙關，我們就能夠在痛苦中盼來新一輪的朝陽。

　　現在，有很多人活得很累，過得很不快樂。其實，人只要生活在這個世界上，就會有很多煩惱。痛苦或是快樂，取決於妳的內心。人不是戰勝痛苦的強者，便是向痛苦屈服的弱者。再重的擔子，笑著也是挑，哭著也是挑。再不順的生活，微笑著撐過去了，就是勝利。

　　有很多煩惱和痛苦是很容易解決的，有些事只要妳肯換種角度、換個心態，妳就會有另外一番光景。當我們遇到苦難挫折時，不妨把暫時的困難當作黎明前的黑暗。只要以積極的心態去觀察、去思考，就會發現，事實遠沒有想像中的那樣糟糕。換個角度去觀察，世界會更美。

　　沒有苦難，我們會驕傲；沒有挫折，成功不再有喜悅；沒有滄桑，我們不會有同情心。不要幻想生活總是那麼圓滿，生活的四季不可能只有春天。每個人的一生都注定要經歷坎坷，品嚐苦澀與無奈，經歷挫折與失意。 從現在開始，微笑著面對生活，不要抱怨生活給了妳太多的磨難，不要抱怨生活中有太多的曲折，不要抱怨生活中存在的不公。當妳走過世間的繁華與喧囂，閱盡世事，妳會幡然明白：人生不會太圓滿，再苦也要笑一笑。

第四章　塑造強大的心靈

第五章　掙脫命運的樊籬

　　大多數女人一旦生活不如意，就用「命中注定」來說服自己！其實，在這個世界上，從來沒有命運一說。所謂的命運，只是我們無法跳出自己所處的環境，並悲觀地認為自己無法達到那高高的位置，只好以命運一詞來自我安慰與自我麻痺。日復一日，年復一年，甚至將命運這個詞烙在子子孫孫的內心深處。

　　好在，我們還有夢想。所謂夢想，就是要打破命運，把命運的魔咒從自己的人生軌跡中抹去。夢想是成功的起點，是人們創造美好新生活的心靈動力，是可以令一個人「雖九死而不悔」的生活嚮往。它會最大限度地激發一個人的熱情與潛能，促使其為實現自己的目標投入全部的努力。

▋夢想是指路的明燈

蘿絲一直有個夢想，那就是上大學。然而，年輕的時候，因為家庭、因為婚姻、因為孩子、因為生活她一直沒能實現自己心中的夢想。到蘿絲老太太 79 歲那一年，她終於實現了自己的夢想，進了美國加州的一所大學。

她的到來給學校吹來了一股清新的風：大家不能理解為什麼這麼「年輕」的老太太還要到學校上課。蘿絲透過一段精彩的演講告訴大家她的追求。她的演講是這樣的：

我們並不是因為年老就不再玩耍，我們變老是因為我們不再玩耍。只有兩個祕密可以讓妳保持年輕快樂，獲得成功。

第一，妳必須每天都開懷大笑，尋找幽默。

第二，妳必須有一個夢想。失去了夢想，妳就會雖生猶死。我們周圍有很多人，他們已經『死了』，自己卻不知道。成長和長大之間有著巨大的差距。如果妳現在 19 歲，躺在床上整整一年什麼都不做，妳也還是會變成 20 歲。每一個人都會長大，這不需要任何天賦和能力。所以，人要不斷地在變化中尋找機遇，這樣才是成長。

第三，不要留有遺憾。老年人通常不會為做過的事遺憾，而是為還沒有做過的事情感到遺憾。只有那些有遺憾的人才會怕死。

這是一個多麼了不起的老太太呀，她透過自身的經歷告訴我們：我們永遠都可以成就自己的理想。

是的，有夢想，雖死猶生，沒有夢想，雖生猶死。這是一個亙古不變的真理。對於任何一個人來說，擁有夢想就等於擁有了一座燈塔，那是引路的明燈，那是很多人要為之奮鬥一生的目標。

一天晚上，萊特兄弟在大樹下玩耍，他們看到天上有一輪圓圓的月亮，覺得又亮又好玩，就商量著要把月亮摘下來，放在屋裡當燈用。

於是，兄弟倆開始脫掉鞋子，爬上高高的大樹，希望站在樹上把月亮摘下來。但當他們快爬到樹頂時，一陣風吹動樹枝，把弟弟從樹上搖落下來。幸運的是，他被一根樹杈鉤住了衣襟，後來爸爸把弟弟抱了下來。

爸爸一邊給孩子包紮傷口，一邊對他們說：「你們想摘下月亮的想法很好，但月亮並不是長在樹梢上的，而是掛在天空中。想要摘到月亮，妳們就應該造出一種會飛的大鳥，騎上它到空中去摘月亮。」

後來，他們果然造出了會飛的「大鳥」。

萊特兄弟成功後，有人採訪他們，問他們怎麼做到的。萊特兄弟回答：「因為，我們的頭頂有一盞指路的明燈。」

是的，因為有了指路的「明燈」，就有了奮鬥的動力，就有了奮勇前進的激情。這樣，即便在前進的過程中經歷坎坷、經歷磨難，但因為始終有目標指引，所以不會放棄。在每一次磨難之後，這些有夢想的人都會發現自己離目標又接近了一步。正是這一步讓他們有力量去重獲新生。

美國作家凱薩琳女士曾在某專欄文章中寫下這麼一句鼓舞人心的話：「現在是妳人生中最美好的幾年，因此大膽去夢想吧！然後努力實踐，讓世人為之震驚。」對於女人來說，大膽地夢想，為妳心中的夢想去實踐吧！妳一定要相信，只要妳勤於耕耘，靜心等待，妳心中那夢想的胚芽一定可以破土而出，逐漸長大。

珍惜妳的夢想吧！妳的期望之光會驅散這個狐疑世界的灰暗。上天賜予夢想家一種天賦，他能點亮充滿懷疑的世界。

找到心中的財富並珍惜它吧！

明天正在等待妳踏出第一步！

▎別讓任何人偷走妳的夢

　　還記得妳最初的夢想嗎？或許那個夢想只是年少無知時許下的願望，那時候或許會因為隨波逐流而寫下一些不屬於自己的夢想。沒關係，只要妳知道現在的夢想，做到不被物質所誘惑，不因別人的左右而改變，一年半載後，妳的夢想就會粗具雛形，十年、三十年後，妳便可以夢想成真。

　　在美國某所小學的作文課上，老師給小朋友的作文題目是：我的志願。

　　一位小朋友非常喜歡這個題目，在他的簿子上飛快地寫下他的夢想。他希望將來自己能擁有一座占地十餘公頃的莊園，在開闊的土地上植滿如茵的綠草。莊園中有小木屋、烤肉區及一座休閒旅館。除了自己住在那兒外，還可以和前來參觀的遊客分享自己的莊園，有住處供他們歇息。

　　寫好的作文經老師過目，這位小朋友的本子上被畫了一個大大的紅「×」，發回到他手上，老師要求他重寫。

　　小朋友仔細看了看自己所寫的內容，並無錯誤，便拿著作文本去請教老師。

　　老師告訴他：「我要你們寫下自己的志願，而不是這些如夢話般的空想，我要實際的志願，而不是虛無的幻想，你知道嗎？」

　　小朋友據理力爭：「可是，老師，這真的是我的夢想。」

　　老師也堅持：「不，那不可能實現，那只是一堆空想，我要你重寫。」

　　小朋友不肯妥協：「我很清楚，這才是我真正想要的，我不願意改掉我夢想的內容。」

　　老師搖頭：「如果你不重寫，我就不讓你及格了，你要想清楚。」

　　小朋友堅定的搖頭，不願重寫，而那篇作文也就得到了大大的一個「E」。

　　事隔三十年之後，這位老師帶著一群小學生到一處風景優美的渡假勝地旅行，在盡情享受無邊的綠草、舒適的住宿及香味四溢的烤肉之後，他望見一名中年人向他走來，並自稱曾是他的學生。

　　這位中年人告訴他的老師，他正是當年那個作文不及格的小學生，如今，他擁有這片廣闊的渡假莊園，真的實現了兒時的夢想。

　　老師望著這位莊園的主人，想到自己三十餘年來的夢想，不禁喟嘆：

　　「三十年來為了我自己，不知道用成績改掉了多少學生的夢想。而你，是唯一保留自己的夢想，沒有被我改掉的。」

　　心愛的東西丟了，可以再去買個新的；千金散盡了還可以還復來；夢想被人偷了了，就難以找回來。所以，女人，千萬別讓別人偷走妳的夢想。

　　生活中有很多女人邁進了婚姻的門檻以後就再也沒有了自己的夢想。她們把夢想給了丈夫、給了孩子，丈夫的成功、孩子的成才就是她們最大的夢想。然而，把夢想寄託在別人身上，往往開不出自己想要的花，結不出豐碩的果。

　　瑤紅從小就希望有一天能成為一個出色的大學老師。為了這一個夢想，她非常努力地學習，成績也出類拔萃，加之人長得漂亮，瑤紅成了大多數男生心儀的對象。

　　大學期間，一個優秀的男孩擄獲了她的芳心。畢業後，她和男友都想考研究所，但雙方家庭均無法提供任何幫助。幾番猶豫後，男友的一句話讓她最終決定放棄深造：「我們結婚吧！我需要妳，我將來的一切是妳的，而我的夢想也是妳的⋯⋯」

　　瑤紅答應了，她放棄考研究所的機會，擔負起養家的重任。丈夫研究生畢業後要再進一步深造，瑤紅再一次做出犧牲，全心全意支持丈夫讀完

博士。為了讓丈夫免除後顧之憂，她撫養孩子，照顧老人，承擔了所有家事。因為家庭耗掉的精力太多，她沒有時間學習，工作也一直沒有起色。

不幸的是，還沒體會到「妻以夫為榮」，瑤紅就先嘗到了背叛的滋味。原來，丈夫畢業後進入一家大型跨國公司，很快便和一個年輕又時尚的同事好上了。他對瑤紅的評價居然是：「沒有共同語言，整天就知道眼皮底下的一點小事，像個家庭婦女……」瑤紅被打擊到了。她欲哭無淚，因為她老公說的是實際情況。

為了丈夫的夢想，她把自己青春都賭上了，把自己的夢想也賠進去了。到最後，婚姻走到了盡頭，而她卻血本無歸。在她最慘淡的時候，她的好朋友一直在她身邊安慰她：「別怕，一切為時不晚，妳應該慶幸從現在開始妳終於可以為自己活了！」

是的，是應該為自己而活了！慘淡的人生是需要自己堅強面對的。瑤紅抹去眼淚，重新調整了對自己的評價：這些年自己雖然落後了很多，但悟性不錯，記憶力也好，重新拾起放下的課本也未嘗不可以；自己工作沒有進展，卻始終喜歡教育，對時下的教育情況特別關注，所以對教育市場也比較了解，自己可以根據自身的特長開個學生輔導中心也不錯。

說做就做，瑤紅很快就和朋友辦起了學生輔導中心。她很用心敬業，想孩子所想，思孩子所思，贏得了很大的客戶群。在工作之餘，她報了考研究所輔導班，一心一意要把自己的夢想進行到底。

現在，瑤紅終於走出了婚姻失敗的陰霾，擁有了自己的晴空。

夢想締造奇蹟，有夢想的女人才不會被命運拋棄。因此，女人應該守好自己的夢，無論什麼情況都不能把自身的夢想交付到他人的手裡，也不能讓別人輕易左右自己的夢想。因為夢想是靈魂的羽翼，有夢想的女人才能美麗，其人生也才有價值！

▌不要因為現實放棄夢想

說起夢想，很多女人會質疑：生活如此現實，柴米油鹽才是生活的本質，談什麼夢想呀！妳沒有看到多少年輕時候很有夢想，很驕傲的女人最後還不是被生活磨得連稜角都沒了，還談什麼夢想？夢想這玩意兒離我們的生活太過遙遠了。這是一些女人的心態，因為習慣於常態生活，缺乏鬥志與夢想，她們的生命也就始終只能圍著廚房轉、圍著孩子轉、圍著老公轉。是的，她們的夢想在這裡，所以她們的腳步也只能轉到這裡。

然而，生活並非只有柴米油鹽。沒有夢想的生活，或者說是夢想迷失的生活讓這些女人成了怨婦。她們抱怨丈夫沒有本事，沒辦法給自己營造好生活；抱怨孩子不聽話，不感恩，自己為這個家庭付出了這麼多卻沒有一點收穫……但是，抱怨歸抱怨，對於生活，她們依然無能為力。相反的，一個女人如果有夢想，把自己的目光投向遠方，那她就不會受困於自己眼前的生活，做徒勞的掙扎。

凱特是個黑人女孩，她從小就愛打籃球，她的夢想是當籃球運動員。

雖然個子矮小，但凱特很有天賦，也很努力，她每天都會到球場上獨自練球。一次又一次的練習運球和投籃，不到天黑不停止。別人問她為什麼這麼努力？凱特毫不猶豫地回答：「我想讀大學，只有拿到獎學金才能讀。我喜歡籃球，我覺得如果我打得夠好，就能拿到獎學金。我也可以參加大學聯賽了。我很想成為最棒的那個。爸爸告訴我，如果夢想足夠遠大，那麼現實環境的好壞不算什麼。」

就是這麼一個小小的孩子，每天穿梭在球場上，穿梭在孩子當中，運球、奔跑、跳投，球劃過其他人的上方然後落入筐中。簡直無懈可擊。男生們總是試著防守她，但是無人成功。

　　然而，就在她高三的某一天，凱特的夢想遭到了打擊，教練對她說，她 165 公分的身高幾乎永遠無法在頂級球隊效力，獎學金自然就少了很多，所以她應該停止大學夢了。凱特的心碎了。然而，凱特的爸爸告訴她：「那些教練一派胡言，他們只是不明白夢想的力量罷了。如果妳真的想為進一個好學校而打球，想拿那獎學金，那麼除了一件事什麼也不能阻止妳，那就是『態度』！」父親重申：「如果夢想足夠遠大，無論什麼環境都不能影響自己。」

　　第二年，凱特和她的大學球隊打入了北加州的冠軍賽。一個大學球探發現了她，她馬上就被授予全程獎學金並編入北部競技院校聯盟女籃隊。至此，她渴望了多年並且為之奮鬥的大學夢，終於成真了。

　　是的，如果夢想足夠遠大，什麼也阻止不了妳！這是千真萬確的事情！作為女人，我們不能把現實當作理由，堅持夢想，永遠對生活充滿希望，因為夢想有多遠，腳步就有多遠，夢想是生命不竭的真正原因所在！

▋用心呵護自己的夢想

　　很多女人年輕的時候很有夢想，可惜，她們的夢想從未得到過培育和呵護，因此它慢慢地死去了。其實，這些女人並不想讓自己的夢想死去，只是，她們聽了太多類似於「妳辦不到」的斷言而放棄了自己的夢想。

　　瓊文很小的時候就希望自己能像一個美麗的芭蕾演員一樣跳舞，輕盈地旋來轉去，耳邊是人們的掌聲與喝彩。因此，她常常在自家後院長滿野花的草地上練習芭蕾舞的旋轉動作。

　　瓊文總是想：如果我能轉得更快一點，眼前的一切是不是都消失了，自己也因此獲得一方新天地。但是，現實總把她從幻想中喚醒，這是鄰居小孩的嘲笑聲：「我不明白妳為什麼不厭其煩地嘗試跳舞。人家跳芭蕾舞的

人都長得漂亮、苗條、嬌小可愛。還有，妳明顯沒有跳芭蕾舞的天分。」

瓊文聽了這話難過地哭了。確實，她沒有屬於芭蕾舞演員的苗條、嬌小可愛的身材。她很胖，圓嘟嘟的。瓊文因此很討厭自己。她說我不喜歡自己，不喜歡我短短的腿，不喜歡我胖胖的身體，不喜歡我小小的眼睛，甚至於不喜歡自己的嗓音。

在這個時候，如果瓊文的媽媽能夠出來幫一幫瓊文，情況可能會好一點。但實際的情況是，媽媽總是在家裡大喊人叫著抱怨生活處處不如意。她曾經夢想住在城市裡，只有在那裡她的理想才能實現，而後來卻住在這遠離城市的鄉下，這與她的理想完全兩樣。她也嘲笑瓊文的夢想，她說：「我年輕時也很有夢想，但現在照樣沒有實現自己的願望。」

許多年以後，當瓊文長大成人後，當她有了足夠的勇氣、足夠的自信看清自己的時候，才知道自己犯了一個很大的錯：其實，自己不應該只滿足於在野花叢中跳舞、在家裡的小院中跳舞，自己應該設法到舞臺上去跳。那麼，現在開始是否為時不晚？至少，瓊文真的開始重新拾起自己年少時的夢想。她利用業餘的時間參加了芭蕾舞蹈班，與一群十來歲的孩子一起圓她的夢想。

那麼，女人應如何呵護自己的夢想呢？

要呵護自己的夢想，女人們應該做到以下幾方面：

不要迷信權威

迷信權威是女人們放棄自己夢想的一大原因。

莉鵑愛畫漫畫，她經常給一些報刊郵寄自己的漫畫作品，也屢有一些作品被一些報刊採用，這給了莉鵑很大的信心。她帶著自己的作品去拜訪自己敬佩的一位漫畫老師。那位老師一邊看莉鵑的漫畫一邊皺眉：「這個，線條太粗了，應該畫得細一點。」、「孩子的腦袋畫得太誇張了，比他爸

爸的都大。」、「這色彩不夠絢麗。」、「這個搭配不協調」……總之，每一張畫似乎都有毛病。

這時，漫畫大師正好接到一個電話，就匆匆忙忙地出去了，把莉鵑撂在一邊。莉鵑滿腹委屈，原本的一腔熱情全都被熄滅了。她覺得漫畫大師的意思很明顯，自己並不適合繼續畫漫畫。於是，她再也不畫漫畫了。

許多年後，莉鵑又遇到了那位漫畫大師，那位老師很快就認出她來：「驚喜地說，是妳呀！那天妳走了也不留個聯繫方式，我一直沒有聯絡上妳呢！妳現在還在畫漫畫吧！」

知道莉鵑已經不畫了，那位老師惋惜地說：「其實，妳很有繪畫天賦，當時我就想收妳當自己的學生呀！可惜了！」

一句話說的莉鵑愣在了那裡！

事實上，權威的話要聽，但要看怎麼聽，如果一個人喜歡「畫漫畫」本身，而不是漫畫之外的其他東西，那麼，又有什麼不能夠堅持的呢？

所以說，有夢想，還要有定力，有自我，不要因為別人的評價就喪失了信心；更不能因為別人的批評就再也沒有面對自己的勇氣。這樣的人，注定沒有辦法實現夢想。

不要害怕別人的眼光

自己做的事情，未必別人能理解。如果覺得是正確的事情，就不要擔心他人的眼光，更不要受他人的思想左右。

不要因為困難就輕言放棄

既然是夢想，自然是不能輕易企及的。如果一個女人在追求夢想的過程中一遇到一點點困難就退縮放棄，那麼，她又怎麼可能摘到夢想的果實呢？

尋找人生的那顆北極星

　　生活中，有很多女人一直在迷茫與困惑中徘徊，生活簡單而又繁瑣地困擾著自己，找不到一個可以呼吸的窗口。愛情裡，自己像顆棋子，進退不由自己；工作中，自己像個機器被人來回控制。如何才能走出迷惘呢？

　　為什麼呢？是因為我們一直沒有找到自己人生的那顆北極星。

　　比賽爾是西撒哈拉沙漠的一個小村莊，它靠在一塊 1.5 平方公里的綠洲旁，從這裡走出沙漠一般需要 3 個晝夜。可是在肯·萊文 1926 年發現它之前，這裡的人沒有一個走出過大沙漠。據說他們不是不願意離開這塊貧瘠的地方，而是嘗試過很多次都沒有走出來。

　　肯·萊文作為英國皇家學院的院士，當然不相信這種說法。他用手語向這裡的人問其原因，結果每個人的回答都是一樣的。從這裡無論向哪個方向走，最後都還要轉回這個地方來。為了證實這種說法的真偽，他做了一次試驗。從比賽爾村向北走，結果三天半就走了出來。

　　比賽爾人為什麼走不出來呢？肯·萊文非常納悶，最後他只得僱用一個比賽爾人，讓他帶路，看看到底是怎麼回事？他們準備了能用半個月的水，牽了兩匹駱駝，肯·萊文收起指南針等設備，只挂了一根木棍跟在後面。

　　10 天過去了，他們走了大約 800 英里的路程，第 11 天的早晨，一塊綠洲出現在眼前，他們果然又回到了比賽爾。這一次肯·萊文終於明白了。比賽爾人之所以走不出沙漠，是因為他們根本就不認識北極星。

　　在一望無際的沙漠裡一個人如果憑著感覺往前走，他會走出許許多多、大小不一的圓圈，最後的足跡十有八九是一把捲尺的形狀。比賽爾村處在浩瀚的沙漠中間，方圓上千公里，沒有指南針，想走出沙漠，確實是不可能的。

肯·萊文在離開比賽爾時，帶了一個叫阿古特爾的青年，這個青年就是上次和他合作的人。他告訴青年，只要白天休息，夜晚朝著北面那顆最亮的星星走，就能走出沙漠，阿古特爾照著去做，三天後果然來到沙漠的邊緣。

現在比賽爾已是西撒哈拉沙漠中的一顆明珠，每年有數以萬計的旅遊者來到這裡，阿古特爾作為比賽爾的開拓者，他的銅像被豎在小城的中央。銅像的底座上刻著一行字：新生活是從選定方向開始的。

其實迷惘就跟漫走在一望無際的沙漠一樣。如果任由著心漫無方向地行走，走出的不過是一把捲尺的形狀，最後還是回到原點。這時我們需要的是北極星，一個能夠指引東西方向的參照物。這樣一來走出迷惘便是輕而易舉的事。所以每一種快樂、每一種新生活的開始，都是由一個方向開始的。只要有了方向，朝著它一路走下去，就必定能走出一條康莊大道。

那麼我們的北極星是什麼呢？是目標。人生最難得的就是找到自己的目標。

哈佛大學曾經做過一個非常著名的關於目標對人生影響的追蹤調查。該項調查的對象是一群智力、學歷、環境等條件都差不多的年輕人，調查結果發現：

27％的人，沒有目標；60％的人，目標模糊；10％的人，有比較清晰的短期目標；3％的人，有十分清晰的長期目標。

25年的追蹤調查發現，他們的生活狀況非常有意思……

◆ 3％：幾乎不曾更改過自己的人生目標。25年後，他們幾乎都成了社會各界頂尖成功人士，其中不乏白手創業者、行業領袖、社會精英。

◆ 10％：大都生活在社會的中上層。其共同特點是那些短期目標不斷地被達到，生活品質穩步上升。他們成為各行各業不可缺少的專業人士，如醫生、律師、工程師、高階主管等等。

◆ **60%**：幾乎都生活在社會的中下層。他們能安穩地生活與工作，但都沒有什麼特別的成績。

◆ **27%**：幾乎都生活在社會的最底層，生活都過得很不如意，常常失業，靠社會救濟，常常在抱怨他人，抱怨社會。

成功在一開始僅僅是一個選擇。妳選擇什麼樣的目標，就會有什麼樣的成就、就會有什麼樣的人生。選擇的目標引領著人生的航向，駛向成功的彼岸。失去了目標，努力一萬倍也只是徒勞。

所以，女人們，當妳迷惘的時候，妳嘗試著去尋找過北極星的方向嗎？請記住，如果心裡有一顆北極星，我們便能穿越一望無垠的荒漠，尋找到新的生活。

▎用目標指引人生航向

目標是我們行動的依據。

沒有目標，我們的熱忱便無處依歸。有目標，才有鬥志，才能開發我們的潛能。

人生的目標，不僅是理想，同時也是約束。有約束，才有超越、才有發展、才有「自由」！

就像一位跳高運動員，如果他的前面不放一根橫桿，讓他漫無目的自由地跳高，永遠也跳不出好成績來。正確的方法是，在他面前設定目標，放置一根橫桿，讓他不斷地超越，橫桿也就不斷升高。甚至會有這樣的情況，在一定範圍內，橫桿越高，跳得就越高；橫桿很低時，他卻跳不起來，因為，沒有目標（橫桿很低）時，會產生強烈的「失落」感。

人生中總是有許多的風雨迷霧遮住我們的雙眼。此時我們需要的是讓

心靈的雙眼盯著目標，只有這樣我們才能讓希望的雙眼看到成功。

馬拉松比賽正在進行著，跑到五公里以後，有兩個人逐漸地甩開了後面的人，跑到了前面。

長時間的奔跑，已經使他們的體力消耗很大了，但是他們依然堅持著向前跑。

這時的天氣很不好，霧很濃，幾十公尺內幾乎看不清東西，後來天空又漸漸地飄起了小雨，又為比賽增加了難度。

跑在最前面的一個人，依然在拚命地跑著，他不管霧有多大，但卻擔心會因腳下的雨水滑倒，他始終注視著腳步下不遠的地方。跟在他後邊的另外一個人卻把頭昂得高高的，他在注視著目標，他心裡在不停地默唸著終點，終點，我就要到終點了。

兩個人的體力都支持不住了，他們僅相差幾公尺遠。

後來跑在最前面的人終於累倒在地上起不來了。

第二個人也感覺要島下了，但是他卻猛然發現終點就在他前面的幾十公尺處，穿過迷霧，他隱約可以看見終點處擺動的旗幟。所以，他猛然又增添了一股動力，頑強地最先跑到了終點。

有了目標就去認定它，盯緊它。風雨、迷霧不過一時，堅持一下，就會透過迷霧看清終點喜悅的笑臉。

生活中，有很多女孩歡天喜地地選擇了一個奮鬥目標，但在學習和前進的過程中，總會遇到一些困難和挫折，有些人就會逃之夭夭，望著「目標」興嘆了。

小林是一個學外貿英語的大學生。畢業後，她如願地進了一家公司做外貿業務員。可是做了不久，她就覺得那不是自己想要的工作。於是就辭職，當翻譯。做了不久，仍然覺得達不到理想狀態，於是再一次辭職，做

外語教學。

現在，她仍是不知道自己到底想要怎樣的工作。算算自己已經畢業三年有餘，有的同學已經在自己的領域小有發展了，而她仍是一籌莫展。總是想著，假如當初堅持做外貿業務員，或許也做出一些成績了；就算是做翻譯，也小有成就了吧；而現在……

在現實生活中，像小林這樣的女孩並不少見，她們往往缺乏勇氣、毅力和信念，遇到一點困難就想逃避，最終不斷地放棄，又不斷地開始，結果卻一事無成。無論在順境中，還是在逆境中，只要妳始終掌握自己選定的目標，堅定不移地走下去，才能抓住屬於妳的機會。

小玉是一個農村女孩，因為不願意再像父母那樣做粗重農活過生活，因此她就下定決心要考上大學，到都市裡去。因此，她認真學習，始終保持著優異的學習成績。於是，她也如願以償地考上了大學。

上大學時，同班有一位男同學和小玉一樣來自農村，他很優秀，學習成績好，對理想也很執著。小玉經常和他一起交流學習、生活，他們在困難中相互鼓勵支持對方。畢業時，他們的愛情也瓜熟蒂落。畢業後，雙雙到臺北打拚，事業穩定之後，他們就幸福地走進了婚姻的殿堂。

小玉有自己明確的目標，而且她努力一步步地靠近自己的目標，因此她獲得了自己想要的生活。其實，只要妳有自己切實可行的目標，就一定有到達的階梯，妳得去把階梯找出來才行。

如果妳希望在事業上有所建樹，妳得先了解自己的最大的專長和興趣，並找到相應的行業去應徵，哪怕遭遇挫折也要堅持下去。

如果妳只是希望嫁個好老公、擁有一個美滿的家庭，妳就要開始去正式場合、很好的環境裡結交異性，並在這之前，先提升自己的價值，以吸引他們。妳要明白的是，實力才是吸引力。

如果妳只想自由自在地過日子，那也可以，但要保證最起碼的生活條件；如果妳想去浪跡天涯，那麼，也得在中途打工或先存一筆錢。

如果想出國深造，那麼別猶豫，抓緊時間學習，並準備托福考試。

這些都是妳能立即著手去做的事情，雖然離妳的目標還有一段距離，但是只要有計劃、有正確的方向，就總會有實現的一天。

一個成功女人，有自己非常明確的目標，知道自己要什麼，不會輕易被別人的看法所左右，她們意志堅定，對事情有主見，也正因如此，她們成功的機率比較高。

二十幾歲的女孩，人生才剛剛起步，若想今後的生活豐富而精彩，就必須明白：生活不是童話，不要再做天真無知的小女孩了，為了自己的人生目標，努力去奮鬥吧！

▌別過於看重眼前的利益

德國心理學家凱勒博士有一項著名的實驗，這項實驗是將一隻雞關在鐵籠內，籠子後有個出口，在籠子外放一大堆米粒，如果這隻雞不從出口繞到外面去，是怎麼也吃不到一粒米的。以上實驗報告中，凱勒博士得到一個結論：雞只看到自己眼前的利益，而不曉得「繞道反應」的道理，這是因為動物的慾望滿足是直接性的反應結果。

生活中，也有很多女人對於生活往往缺乏長期計劃，她們不曉得「繞道反應」的好處，只關注眼前的一點小利，對於眼裡的利益她們會馬上採取行動，對於明天要發生的事情往往缺乏耐心。因為過於看重眼前的利益，所以，大多數女人往往沒有辦法獲得更大的成功。

梅香是理工大學的研究生，學的是電子工程。梅香長得漂亮高挑。她畢業後去了一家稍微有點規模的資訊科技企業，因為她對於軟體的了解很

不足，就沒有做技術，而是從事行政工作，後來做到了總經理助理，主管行政和企劃。

5年時間過去，她的薪水沒有增加多少，在公司的發展也受到了一定的侷限，於是就想跳槽到另外一家公司當公關企劃部部長，跳槽只是因為這個職位給的薪水還可以，而不是因為她喜歡這樣的工作。

梅香如願以償，進了這家公司，但她依然不開心，她覺得自己並不擅長做公關，而適合從事電子行業，因為她之前就是因為喜歡才去學習的。可是，現在若想再進入資訊科技行業，從事與技術有關的工作，她又得重新開始學習，而且薪水也不高。這讓她非常矛盾。一邊是自己喜歡的工作，一邊是高薪的工作。

直到現在，梅香依然沒能向自己喜歡的行業邁出一步，因為眼前的利益大於一切。

在今天的這種市場環境中，類似的例子還有很多。她們最初的時候不知道自己應該在哪個領域開始自己的職業生涯，幾年過去了，稀里糊塗地換了幾家公司，回過頭來才發現，只是累積了不同行業、不同職位不成功的經驗。雖然這些工作都難不倒這些「聰明人」，他們嘗試了很多不同領域的工作，但這些工作並沒有給他們帶來沉甸甸的收穫，反而造成了自己缺乏專長、缺乏核心競爭力的局面。最最關鍵的就是他們永遠都難以結束「低薪長跑」，白白浪費了上天賦予他們的才智。

因此，一個人若想獲得成功，眼光不要過於短淺。只有有遠見的女人，才有機會收穫成功的纍纍碩果。

傳芳和淑玲同時間來到公司，她們為公司勤勤懇懇地工作了幾年，眼看著部門經理這一職位空了出來了，她們兩人中有一個將有可能贏得這一職位。於是她們倆也各盡所能，做得更加賣力了。

　　就在這個時候，上級有了一個進修機會，要從傳芳她們的部門中抽一個人去接受為期 3 個月的管理課程進修。上級將目標鎖定傳芳，認為傳芳是個不二的人選，她聰明、接受能力強，外表青春美麗。上級將這個消息傳達給傳芳，傳芳很想去，畢竟能帶薪進修是她多年的夢想，但是，眼下馬上就要選出一個部門經理了，如果自己這一去三個月，回來的局面就可不是自己所能掌控了。進修的機會固然難得，傳芳還是忍痛割愛了。

　　傳芳不去，上級就只好委派各方面能力都不如傳芳的淑玲去進修。而傳芳為了能坐上了部門經理的位置，工作得更賣力了，她相信自己付出的努力上級能夠看得到。

　　3 個月後，淑玲回來，經過 3 個月的培訓，她能力見長，有一種改頭換面的感覺。就在淑玲 3 個月的進修期即將結束的時候，公司正好分配了需要指導的新人，等到淑玲回公司，好一點的新人都被別人「認領」了，只剩下一個據說大學為念完就跑出來工作的小男生。而帶新人的成績同樣是升職的一大關鍵。

　　傳芳指導的是知名大學的畢業生，還在多家知名企業裡實習過。同事都覺得淑玲這次必輸無疑，不但工作耽誤了不少，還帶了「劣等生」。

　　淑玲雖然心裡著急，但她知道事情已經是定局，沒有退路可言了。

　　為了能讓自己帶的新人跟得上公司的節奏，淑玲全心全意地當這個「老師」，除了要做好自己的工作，還陪新人一起學習。新人因為能力不夠，每天都要加班兩個小時以上才能完成當天的任務量。而她竟也當起了陪班，陪新人一起加班。好多次上司從外面談完生意回到公司開小會，都能看到辦公室裡燈火通明，淑玲還在指導新來的員工。

　　儘管淑玲如此費心費力，三個月後新員工試用期考察結束，傳芳指導的那位新員工的表現還是遠遠超出淑玲指導的新員工。出乎大家意料的

是，淑玲指導的新員工在各方面的表現雖然遠遠不如傳芳的，但她卻贏得了部門經理的位置。

這讓傳芳很費解。

而實際情況是，公司上層發現傳芳雖然能力強，可她過於急功近利，目的性過於明確，且在氣勢上咄咄逼人。淑玲則不同，她努力充實自己，即便因此可能失去升遷的機會也沒有放棄進修。淑玲指導的那個新人能力較差，但她沒有因此放任不管，而是耐心指導、幫助。他們覺得，淑玲肯吃虧，有容人之量，更具有為上司者的氣質。

一個人只顧眼前的利益，得到的終將是短暫的歡愉；而一個目標高遠的女人，即便在現實生活中吃點小虧也毫不在意，因為她們看到的是更加長遠的利益。為了長遠的利益，必要的時候吃點小虧，有時候可能會換來更大的福分。這是睿智女人的聰明選擇。

▎奮鬥賦予女人精彩的人生

二十幾歲的時候，免不了會想：人生總是充滿變數，也許我下一秒鐘就能中 500 萬大獎；也許我下一秒鐘就能遇見生命中的貴人，一步登天實現夢想；也許我下一秒鐘就能遇見夢中的白馬王子，從此幸福地生活在一起。而事實往往是 —— 在這樣的幻想中碌碌無為，直到幡然醒悟才發現自己已經浪費了不少時日。人生從來沒有捷徑可言，如果有，那唯一的捷徑就是奮鬥。

女人也要奮鬥，但有的女孩十分懶散，依賴性強，總希望別人替自己做好一切。其實這樣的想法只會害了妳自己，在這個世界上沒有誰可以為妳服務一輩子的，自己總要靠自己。若想過上幸福的生活，也只有奮鬥可以讓妳實現這個願望。

　　夏琳是一名學設計的高材生，漂亮且獨立，她努力地讓自己堅強，讓自己只依靠自己，所以她要奮鬥。

　　她的奮鬥之路蠻自討苦吃的。雖與總裁陸濤相愛並愛得義無反顧，但是她不願意成為成功男人的附庸，而是用自己的方式去不斷奮鬥，保持經濟上和精神上的完全獨立，開闢自己未來的道路。「我只能自己去創造機會，我的機會不在你身上，而在我自己手上。你讓我明白了，別人再大的事情也是別人的，自己再小的事情也是自己的。請不要難過陸濤，我必須把你當作別人之後我才能長大，我現在對自己不滿意，我必須像你一樣去努力去奮鬥之後我才會對自己滿意。」她是這麼說的也是這麼做的，在感情出現危機的時刻，她毅然遠走巴黎不斷地去充實自己，用實際努力去爭取自己想要的一切。

　　在夏琳身上，展現了成功女孩的性格：獨立，需要愛，真誠，她們不甘於躲在別人的光芒背後，她們渴望展示自己的才華與價值。

　　我們有時會抱怨生活中的各種煩惱和壓力，抱怨什麼都要努力奮鬥。其實，奮鬥著的人生就是幸福的。奮鬥讓我們的生活充滿生機，奮鬥讓我們的生活充滿意義，奮鬥讓我們變得更加堅強，奮鬥讓我們變得魅力無限。人的一生，只要奮鬥，孜孜不倦地追求，理想才能實現，也只有奮鬥的人生才精彩！沒有奮鬥過的人，就不會擁有奮鬥之後的精彩。

　　女人也需要奮鬥一輩子，為了家庭和父母要很努力地工作，為了明天努力著。一個人最大的樂趣就是在有生之年做到自己想做到的事情，並不一定要賺很多錢，但絕對不能沒有錢，並不一定要有很高的職位，但至少要博覽群書。人生，其實很有意義，只要利用好時間，做了自己想做的能做的、就很開心了，努力過了，就不會後悔和遺憾。

▌突破自己，人生沒有盲點

人的一生是短暫的。一個人在短暫的一生中要真正成就一番事業，那就一定要拚搏進取，挑戰自我，使自己踏上人生更高的臺階。

蔡依林的努力在歌壇是眾所周知的，圈裡就有人稱她是「拚命三郎」、「歌壇勞模」，連她身邊的工作人員也說，她有時候簡直就是個瘋子，無論公司提出什麼樣的要求她都能接受。

其實，在進軍歌壇之前，她的舞跳得並不好，手腳極不協調，韻律感也不是很強，跳起舞來總是洋相百出。可就是這樣一隻「醜小鴨」，靠個人的不懈努力成為今天美麗的「白天鵝」。每次出新專輯，她都要主動學習新的東西。在專輯《特務J》中，她挑戰極限，學跳「無重力旋轉彩帶鋼管舞」。練習這種舞蹈，需要表演者在空中不停地轉來轉去。許多次從空中下來，她都會頭暈。有一次，患感冒的她從三公尺高的空中做完動作後下來就暈倒了，醒來後，她推開眾人，不顧眾人的好心規勸，又開始了新的練習。

在她的人生哲學中，有這樣一句話她一直堅守 ── 「努力突破自己，人生沒有盲點！」在接受《聯合晚報》專訪時，她曾這樣說：「從小就知道『人外有人，天外有天』。大家都想做天才，但沒有那麼多的天才，要當第一名並不容易，得非常地努力。我不懂那些因為困難而中斷夢想的人在想什麼，我從不知道放棄的感覺是什麼！」的確如此，蔡依林之後走過的路證明了這一切 ── 她始終是那麼地勤奮與努力，從不言棄。

從某種意義上說，每一個人在人生路上的奮鬥過程都是一個挑戰自我的過程。因為接受自我的挑戰，所以才有機會獲得成功。

▍夢破時分學會另闢蹊徑

　　當我們的夢想破滅時，妳在做什麼呢？埋怨自己當初的選擇，還是另闢蹊徑，抓住身邊的每一個機會。

　　1850 年代，美國西部掀起一股淘金熱潮，做著「淘金夢」的人從世界各地匯聚到此，一個名叫李維·史特勞斯（Levi Strauss）的德國人，也千里迢迢跑到加利福尼亞州試運氣。

　　但是，李維·史特勞斯的運氣似乎不太好，儘管拚命淘金，幾個月下來卻沒有任何收穫，他懊惱地認為自己和金子沒緣分，準備離開加州到別處另謀生路。

　　就在他萬分沮喪之際，猛然發現一個現象，那就是所有淘金客的褲子由於長期磨損而破舊不堪，於是，他靈機一動：「並不是非得靠淘金才能發財致富，賣褲子也行啊。」

　　李維立即將剩下的錢買了一批褐色的帆布，然後裁製成一條條結實耐用的褲子，賣給當地的淘金客，這就是世界上的第一批牛仔褲。

　　後來，李維又將牛仔褲的布料、顏色改變，締造了風行全世界的「李維牛仔褲」。

　　夢想破滅的地方，往往希望叢生。當我們所選擇的「淘金」之路走到了盡頭，夢想破滅了，千萬不要過度失望，更不要沉浮於失敗的迷夢，而是應該把失敗當作幸運的開端，樹立新的目標，打起精神再次上路。

　　康熙八年，安徽省仙源縣有個叫王致和的舉人進京趕考，結果名落孫山，仕途無望，他想留在京城繼續攻讀，準備再次應試。可是距下次科試甚遠，而且盤纏也所剩無幾，所以便留京暫謀生計，在京城開了間小豆腐店。沒想到小豆腐店開張後，一連幾天陰雨綿綿，豆腐賣不出去，一點點

地發霉。王致和想起家鄉有人用豆腐製成醬豆腐，就試著將發了霉的豆腐一刀刀地切成小方塊，放進壇子裡，加上些鹽和花椒等調料後，嚴嚴實實地封好了壇口。

後來，因為一心讀書，他忘了醃製的豆腐。不久他驀地想起那缸醃製的豆腐，趕忙打開缸蓋，一股臭氣撲鼻而來，取出一看，豆腐已呈青灰色，他急忙用挖出一點品嚐，沒想到味道竟然又鮮又香。雖非美味佳餚，卻也耐人尋味，送給鄰里品嚐，都稱讚不已。大家都誇道：「聞起來臭，吃起來香，真是外臭內香啊！」

王致和受到啟發，乾脆在豆腐店門口掛起牌子，專門經營臭豆腐。吃過臭豆腐的人一傳十，十傳百，沒有多久時間，他的臭豆腐可就出了名，京城的人只要一提起臭豆腐，便無人不知它的主人王致和。

這事傳入宮中，有個太監便好奇地買回一些品嚐，果然名不虛傳，好吃極了！他立即進獻給皇上。皇上一嚐，胃口頓開，即傳旨將「臭豆腐」列為「御膳坊」小菜之一，並賜名「青方」。這下，王致和的臭豆腐聲名大振，生意更加興隆。時至今日，「臭豆腐」仍備受消費者的喜愛。

成功的偶然與必然總是在我們的選擇中成就的，如果王致和當初因為仕途無望，就一蹶不振，或許我們今天也嘗不到「臭豆腐」的美味了。

美國著名漫畫家羅勃·李普萊年輕時熱衷於體育，最大的夢想是成為大聯盟的職業棒球明星。可是，當他如願以償躋身大聯盟時，第一次正式出賽就摔斷了右手臂，從此與棒球絕緣。對羅勃·李普萊來說，這無疑是人生最殘酷的打擊。然而，他很快就擺脫了失敗的噩夢，轉而學習運動漫畫，彌補自己的缺憾。李普萊抱著不能成為棒球明星，便在報紙上畫運動漫畫的決心，最後終於成為一流的漫畫家，以「信不信由你」專欄風靡全球。

第五章　掙脫命運的樊籬

第六章　做長袖善舞的睿智女人

　　「長袖善舞」的女人，有著「化危險於無形」的智慧，有著從容處世、平和待人的通達，有著可屈可伸的彈性。「長袖善舞」的女人善於利用身邊的每一個資源，積極囤積自己成功的資本。她們能分得清輕重，識得清大體，該認真的時候認真，該糊塗的時候糊塗，所以讓人敬重之餘，更加佩服。

　　總之，「長袖善舞」的女人是女人中的精品，所以，在生活的舞臺上她們總能做到游刃有餘，豁達從容。

▌做有「親和力」的女人

「親和力」的狹義概念是指一個人或一個組織在所在群體心目中的親近感，其廣義概念則是指一個人或一個組織能夠對所在群體施加的影響力。親和力源於人對人的認同和尊重，很多時候，親和力所表達的不是人與人之間的物理距離的遠近，而是心靈上的通達與投合，是一種基於平等待人的相互利益轉換的基礎。真實的親和力，以善良的情懷和博愛的心胸為依託，是一種發自內心的特殊天賦和素養。

親和力是人與人之間資訊溝通，情感交流的一種能力。一個冷冰冰的、總是拒人於千里之外的美人是不受歡迎的，親和力勝過一切的美貌！具有親和力的女人會每天都保持自信、樂觀、向上的心情去面對周圍的每一個人，很容易就能贏得他人的喜愛。她能在很短的時間內消除人與人之間的隔膜，拉近彼此間的距離，做到與人融洽相處。在與人交流的過程中，具有親和力的女人不俗不媚、寬容隨和、通情達理，無論何時何地都廣受歡迎。可以說，有「親和力」的女人與生俱來就有一種優勢。

一家工廠在徵廠長，其中一位四十多歲的女士獲得了大家的一致好評而勝出。讓我們看看她在應徵過程中的表現：

問：「妳是個外行，靠什麼治廠，怎樣調動起大家的積極性？」

答：「論管理企業我並不認為自己是外行，何況我們廠還有那麼多懂管理的幹部和技術高超的資深員工，有許多朝氣蓬勃、上進的年輕人。我上任後，把老師傅請回來，把年輕人的工作、學習和生活安排好，讓每個人都做得有幹勁，把工廠當成自己的家。」

問：「我們工廠不景氣，去年一年沒發獎金，我要求調走，妳上任後能放我走嗎？」

答：「你要求調走，是因為工廠經營不好，如果把工廠經營好了，我相信你就不走了。如果你選我當廠長，我請你先留下半年看看工廠有無起色再說。」

話音剛落，全場立即掌聲四起。

問：「現在正議論部門和人員精簡，妳來了以後要裁員多少人？」

答：「調整幹部結構是大勢所趨，現在部門的幹部多，原因是因為業務少，如果事情多了，人手就不夠了。我來以後，第一目的不是減人，而是擴大業務、發展事業……」

問：「我是一名女員工，現在懷孕七個多月了，還讓我在工廠裡站著工作，妳說這合理嗎？」

答：「我也是女人，也懷孕生過孩子，知道哪些合理，哪些不合理，合理的要堅持，不合理的一定改正。」

女職員們立即活躍了起來。有的激動地說：「我們大多是女員工，真需要一位體貼、關心我們的廠長啊！」

親和力是什麼，是心與心的平等和互惠，是情感與情感的交流和溝通。所以，作為女人，不管妳身處什麼樣的位置，都不能失去親和力，如果失去，就會拉大妳和他人的距離，失去別人對妳的支持和尊重。

汪蘭是個出色的女主管，能力不錯，人也漂亮，可是對人就冰山似的，冷得讓人心裡顫抖。所以，她手下的一些員工頗有怨言：「不就是當了一個小小的主管，至於這麼一副高高在上的模樣，真是小人得志，還不知道是不是背地裡使了什麼花招，才當上主管的呢！」

「這樣的女人誰敢娶，看了都怕！」

因為總是一副冷冰冰、盛氣凌人的模樣，所以，汪蘭疏遠了自己的團隊，使自己變成單打獨鬥。

　　實際上，一個聰明的女人是不會把自己推入這樣的處境的，她會做到自信而不張揚霸氣，她尊重別人，平等待人，親近自己身邊的人，會讓身邊的人願意親近自己。因此，她能夠在自己的團隊中自由舒展，更好地發揮自己的能力。

　　親和力除了與生俱來之外，更多的是自身的一種綜合素養。它要求一個女人必須具有良好的文化素養，優雅的談吐和大方的舉止等。在很大程度上，親和力是一種可以透過後天的努力來獲得的能力，在日常工作中，要有意識地培養自己的親和力。

　　要培養親和力首先就得打扮大方，以顯示淡雅清新的氣質，給人舒適感。學會微笑，努力使笑容真實自然。有意識地放慢說話速度，讓自己的表達清晰而有邏輯，但也不要慢條斯理，讓人感覺到沒有激情。多培養自己的興趣愛好，不斷培養自己的信心，不斷地與人溝通。業餘時間多聽一些舒緩的音樂，看一些雜誌書籍，能讓妳的心情保持一種自然平和的心態。只有這樣，妳才能成為一個親和力達人！

▊讓自己懂得靈活變通

　　在當今這樣一個紛紜變幻的世界中，每個人都應該有種變通的意識，應該善於吸納別人的意見，這樣才會耳聰目明。但是，一些剛愎自用的人，往往不會聽取別人的意見，也無視客觀事物的情況和局態，固執己見、自我封閉、一意孤行，只管按自己的思路行事，最終陷入進退兩難的境地。

　　一天晚上，某公司要發通知給所有下屬。事情緊急，在場職員都來幫忙。可是，一個年輕的祕書卻認為做這種事情有失身分，並說：「我到公司來，不是來做裝信封的事的。」

老闆聽後大怒，說：「好吧，這件事既然對妳是一種侮辱，妳可以離開這裡了。」

祕書被炒魷魚後，面試了不少工作，四處碰壁，結果還是硬著頭皮重回公司。這次，她謙虛了許多，對老闆說道：「我在外面經歷了不少，卻總是希望回到這裡。您還要我嗎？」

「當然，」老闆說，「因為妳現在已經完全改變了，不再事事堅持自己的觀點，懂得了聽取別人的意見，學會了尊重別人的意見，不再獨斷獨行。」

文學家蕭伯納說：「明智的人讓自己適應世界，而不明智的人堅持要世界適應自己。」然而生活中有太多的不明智的人。他們堅持自己認為對的事情，不願為了適應環境而適當變通。他們的偏激往往讓人無法接受，他們以為這樣就是在堅持自己的理念，自己就是一個有原則的人。殊不知，這樣偏激的舉動常常會導致失敗，更會破壞與別人之間的交流。

在日常生活中，有太多的人想要迫使別人接受自己的意見，因為他們總認為自己是對的。這種想法，使他們沒有改進自己的餘地，也在通往成功的路上設下了障礙。如何才能避免固執己見呢？只要妳肯聽聽別人的想法，就可以做到。

在生活中總會有與自己不同的意見存在，應該怎樣對待不同的意見，是需要認真思考後才能做出決定的。在社會生活中，無論做什麼，都會有不同意見。如何看待不同意見，不僅是個方法問題，更是一個思考方式的問題。睿智之人會放下偏執，從反對者的意見中發現對自身有利的思想，並找到自身的缺點，積極改正；褊狹之人會把反對者的意見一概排斥，以敵對的態度去對待。

在日常交際中，有些人說話直言快語。這種人是非常真誠的，也是非

常受歡迎的。但有時候，效果並不佳，輕者損害了人際關係的和諧，重者造成麻煩，違背言語交流的初衷。而有時有意繞開中心主題和基本意圖，採取外圍進攻戰術，從無關的事物、道理談起，往往可以收到非常理想的效果。

那些愛鑽牛角尖的人，凡事循規蹈矩，而這些規矩多半是他自己定下的，他人不得跨越半步。如果他人稍有一些讓自己不如意，他就會暴跳如雷，一點面子也不會給別人。

做人不能太死板。一個人如果太死板了，就無法具有彈性地處事待人，因為他生怕出問題。他會為一點點的小事大發脾氣，也就是說，他爆發出來的情緒的強度，和事物本身的大小或重要性不成比例。但是這時，與其說是他對他人的不滿意，還不如說是他自己覺得似乎自己的生存或自己的某些方面受到了挑戰或威脅。

經營好自己的人脈資源

無論是生活圈還是事業圈，個人生活品質的好壞在某種程度上取決於一張完美的人際關係網。只有網結得好，才能做人生的贏家。如果妳還沒有認識到人際關係的重要性，我們再探討一個問題：在妳感到遺憾的往事中，有多少失敗了的事情只要有一個關鍵人物出手幫妳，妳就可以擺脫敗局？可見，人生的成敗，在一定程度上是人際關係成敗的折射。

宋朝的才子范仲淹，官至宰相，才識智慧在當時是無與倫比的。他雄心勃勃地想成就一番偉大的事業，但卻處處受阻。范仲淹看到當時社會普遍存在的腐敗之風，自己無可奈何，只好發出「微斯人，吾誰與歸？」的千古悲吟來表達自己的心情。

人類社會經過千百年的發展，人際關係更被打上了獨特的烙印。想在

社會中生存發展，想在社會活動中游刃有餘，想在社會發展中出類拔萃，出人頭地，良好的人際關係是一個年輕人通往財富和成功的門票。

很多人只知道比爾‧蓋茲成為世界首富是因為他掌握了世界發展的大趨勢。其實比爾‧蓋茲之所以成功，除這些原因之外，還有一個最重要的關鍵就是他的人脈資源相當豐富。

比爾‧蓋茲創立微軟公司的時候，只是一個無名小卒，但是，在他20歲的時候簽到了一份大合約。他20歲時簽到的第一份合約是跟當時全世界第一強的電腦公司國際商業機器公司簽的。當時，他還是在大學讀書的學生，沒有太多的人脈資源，他怎能釣到這麼大的「鯨魚」？原來，他可以簽到這份合約，中間有一個仲介人 —— 他的母親。他的母親是國際商業機器公司的董事，媽媽介紹兒子認識董事長，這不是很理所當然的事情嗎？

記住一個人，認識一個人，就等於獲得了一個潛在的機會。有研究發現，在這個世界上，任意兩個人之間建立一種關係，最多需要6個人，這就是六度分隔理論。這一理論在1960年代由美國心理學家史丹利‧米爾格蘭（Stanley Milgram）提出，而美國微軟公司研究人員透過計算證實了這一個理論。透過準確計算，任意兩個人之間建立聯繫需要6.6人。因此，如果妳有足夠的人際資源，妳就有可能獲得成功所需要的幫助。

張楠是一名貧困的女大學生，靠助學貸款完成了自己的學業。五年之後，她成了一家公關公司的經理。當別人羨慕她的成功時，她只是簡單地說，她只不過是擁有了一些人脈而已。畢業之後，張楠進入一家公司做祕書。這本來是一份很簡單的工作，但張楠卻懂得發掘它的意義。當老闆和客戶溝通時，通常都會帶上張楠。張楠也積極掌握機會，為老闆和客戶建立一種良好的溝通氛圍。剛開始，張楠也不懂怎樣與人溝通，後來她就慢

慢思索出了與人溝通的技巧以及如何給別人留下一個良好的印象。後來，張楠跳槽到一家公關公司做公關，接觸到了許許多多的客戶，她良好的溝通能力使她不僅談成了生意，而且還和這些客戶成了朋友，她也善於維繫這種朋友關係，不僅知道他們的名字、家庭背景，還了解他們的興趣愛好。後來，等張楠積蓄了一定的資金和能力，準備自己開一家公司時，她的這些客戶朋友幫了她不少的忙。

其實，我們就生活在一張巨大的關係網中，每個人都是網與網之間的交點。人際關係就像是像隱形的翅膀一樣，可以使妳從一個點跳躍至另一個點。然而，生活中有一些人成天忙忙碌碌，沒有時間與人交流，日子一長，朋友間的感情淡了，原本牢固的朋友關係也變得鬆懈了。這是很可惜的事情。所以，女人要珍惜人與人之間寶貴的緣分，即使再忙，也別忘了溝通感情。

那麼，如何才能更好地經營自己所擁有的人際資源呢？

◆ **保持聯絡，以防由熟變生**：建立「關係」的最基本的原則就是：不要與人失去聯絡。不要等到有麻煩時才想到別人，「關係」就像一把刀，常常「磨」才不會生鏽。若是長久不聯絡，妳就可能已經失去這位朋友了。

因此，主動聯絡非常重要。多聯絡妳的朋友，能很好地維繫妳們已有的情誼。

◆ **要重視「感情投資」**：生活中，有很多女人忽視了「感情投資」的重要性，一旦與對方關係好了，便常常忽視了對方的需要，總覺得人家對自己好是應該的，但是對方稍有不周或照顧不到，就覺得對方不夠意思。長此以往，很容易形成惡性循環，最後損害雙方的關係。

　　所以，若想擁有良好的人際關係，女人一定要懂得「感情投資」，如朋友需要幫助的時候要伸出援手，有時間一起出去逛逛街、吃吃飯、聊聊天，重要的日子給朋友買點小禮物，關心朋友的身體等。這些都是小細節，但小細節往往能夠展現人情冷暖，能讓別人也同樣願意為妳「付出」。

▌適時把自己「推銷」出去

　　這個社會是一個講求個性的社會！這個社會是一個追求表現的社會！這個社會是一個積極主動的社會！這個社會歡迎懂得「推銷」自己的女人。一個善於推銷自己的女人，才可能掌握住機會，避免與成功擦肩而過。

　　然而，在現實生活中，很多女性因為害怕遭到拒絕，總是喜歡退縮在小角落裡，默默耕耘，整天努力工作，埋頭苦幹，以為這樣老闆就會知道自己為公司鞠躬盡瘁，就會賞識、重用自己。實際上，這樣的做法往往把機會拱手讓給了那些主動出擊，勇於推銷自己的人。

　　唯欣是學服裝設計的，她從自己的設計中總是能夠獲得足夠的滿足與自我的肯定，所以，她在工作期間十分努力，常常為了一個設計幾天幾夜待在工作室裡，直至最後定稿。

　　不過，唯欣是一個內向的人，非常不善於表現自己，只會默默地做許多工作。在老闆面前，她也不願意主動顯露自己的特長與才華，更不會努力去爭取自己感興趣的東西。

　　她總認為刻意地表現自己是一種太過做作的行為，她實在做不來，所以，她只希望老闆能夠有朝一日看到她勤奮工作的樣子，進而發現她、提拔她，而在這之前，她所做的只是默默地努力、再努力，苦苦地等待、再等待。

　　然而，讓人傷心的是，老闆並不具備這樣的慧眼。唯欣拿著與其他人相同的薪水，卻負擔著超出旁人幾倍壓力與辛勞的工作，設計出漂亮的設計稿，卻從來沒有被老闆表揚過一次。

　　她感到了一種失落與不公。在這樣憤懣的情緒之下，唯欣向老闆提出了辭職。

　　辭職以後，唯欣找了好幾家有名的設計公司，但人家誰也沒有看好她，原因是她過於「默默無聞」了。為什麼會這樣呢？在被最後一家自己看好的公司拒絕以後，唯欣拿著作品集坐在廣場邊上沮喪地想著心事。

　　這時候，她發現有一群人圍著一個人吵吵嚷嚷的，不知道在做什麼？唯欣一時興起，也湊上前去，發現大家圍住的正是當前非常著名的一位女星。唯欣靈機一動湊上前去，她把自己的設計稿遞到這位女星的面前，誠懇地說：「我非常喜歡妳的演出，更欣賞妳的品位，這是我照妳的個人氣質設計的裙子，妳能幫我在上面簽個名嗎？」

　　那位女星興致勃勃地接過設計稿看了一眼，眼睛就亮了起來，她飛快地拿起筆，在上面簽下自己的大名，簽完她對唯欣說：「妳的設計我很喜歡，我能讓我的設計師照妳的設計為我做一套服裝嗎？」

　　唯欣高興地連連點頭。

　　最後，唯欣拿著自己的設計稿，來到女星指定的設計公司，不費吹灰之力就進了這家知名的服裝公司。

　　從這件事中唯欣悟出了一個道理，不要等待別人發現妳，若想獲得成功 就必須主動出擊，積極把自己「推銷」出去。

　　事實也是如此。千里馬常有，而伯樂不常有。一個聰明的女人是不會坐等「伯樂」的賞識的，她會依靠自身的智慧和勇氣，在不經意間成功。

　　新世紀的女性們，當妳們在職場中跌宕起伏、在事業上衝刺拚殺時，

不要恪守古老的慣性思考，妳應該盡情地發揮自己內心的潛能，學會並善於去當一個主動的女人 —— 主動表現、主動要求，更要積極把自己推向臺前。

因為主動意味著自信，主動才能讓別人看到妳的能力，只有主動出擊，勇於推銷自己，妳才有可能找到那個欣賞自己的伯樂。

當然，「自我推銷」是一門頗為艱難的課程，方法大家都知道，只是對於行動的分寸不好拿捏，稍有閃失，便會弄巧成拙，破壞了自己原本的形象。所以，平時不妨多觀察那些善於自我推銷的人，寫下心得隨時去演練，自然熟能生巧，成為「自我推銷」的高手。

▌要善於與人合作

從前，有四個饑餓的人得到了上帝的恩賜 —— 一根漁竿和一簍鮮活的魚。上帝把他們分為兩組，讓他們分別去尋找大海，好釣更多的魚。

第一組的兩個人覺得還是分開的好，每個人單獨生活很自由。於是，一個人拿了一簍魚，另一個人則拿了一根漁竿。他們各自帶著自己得到的賞賜，分道揚鑣了。

得到魚的人走了一天，感到又餓又累，便使用樹枝點起篝火，把魚烤著吃了。他狼吞虎嚥，還沒有好好品嚐到魚的香味，就把簍子裡的魚吃光了。過了幾天，他再也得不到吃的食物，終於餓死在空魚簍旁邊。

而選擇漁竿的人只能選擇忍饑挨餓，希望能走到海邊釣更多更肥的魚，他充滿了希望，一步步地向海邊走去。可是，他太饑餓了，當他看見不遠處那蔚藍的海水時，最後的一點力氣也用完了，只能帶著無盡的遺憾撒手人寰。

上帝很遺憾地搖了搖頭。

　　另外一組被恩賜的人並沒有像第一組那樣各奔東西，而是商量著兩個人互相合作，一起去尋找大海。

　　在路上，他們餓了，就煮一條魚充饑。經過艱難跋涉，當他們吃完最後一條魚的時候，終於找到了大海，釣到了肥美的魚。

　　巴爾扎克曾說：「單獨一個人可能滅亡，兩個人在一起可能得救。」這句話揭示的恰是這個故事所揭示的道理。沒有人能夠獨自成功，唱獨角戲，當獨行俠的人是不能成大事的。只有懂得與人合作，取長補短，相攜共進，才能實現雙贏。

　　當今社會是一個競爭與合作的社會，「學會合作」是時代賦予人才的基本要求。只有能幫助別人，與人合作的人，才能獲得生存空間；只有善於合作的人，才能贏得發展的機會。正所謂：一個好漢三個幫，獨木難撐大廈。對於女人來說，這個道理同樣適用。 林格倫曾說過：「在文明世界中的人們，真正需要學會的本領是有成效的合作的本領，以及教會別人也這樣做的本領。」善於合作既是一種精神和態度，也是一種能力和修養。作為女人，我們要善於與人合作，掌握與人合作的技巧，才能使自己不斷向前進。

　　那麼，女人應掌握哪些與人合作的技巧，以提高自己與人合作的能力呢？以下是與人合作的一些方法與策略。

- ◆ **以誠相待，互相尊重**：合作雙方最忌諱的就是互相使心眼。既然是合作夥伴，就是同在一條船上，一損俱損，一榮俱榮。因此，要團結一致，以誠相待，互相尊重。
- ◆ **具有雙贏意識**：合作的目的是為了透過大家的共同努力，取得共同的成功。如果妳只是自私地想讓自己成功，而不顧其他人，這樣沒有人願意和妳合作。

◆ **胸懷大度，求同存異**：在合作的過程中，難免會出現一些分歧，有一些矛盾，既然走到一起，就說明雙方有緣分，要珍惜合作機會，互相謙讓一步就過去了。如果不能做到這一點，就有可能矛盾越鬧越大，最終受損失的是雙方。

只有加入成功、積極的團體，懂得合作，善於學習，才能讓自己更好、更快地成長起來，也才有可能獲得成功。

▍巧借「貴人」的力量

俗話說：「人往高處走，水往低處流。」但是「人要往高處走」並不是那麼容易的，因為「爬高」就要處處受阻。同樣是女孩，為什麼有些女孩能夠像沖天的火箭一樣衝出平凡的人群，而為數眾多的女孩卻只能陷在個人的小圈子裡自哀自嘆、難以突破呢？要知道，在茫茫人海、偌大的社會中，一個「弱女子」哪來那麼多的人力、物力幫助自己打天下呢？其實，關鍵就在於兩個字 ——「貴人」。

從很多成功人物或幸福女性身上我們看到，在他們成長的重要階段，都會遇到一兩位貴人，或語言上的提醒，或行動上的扶持，使之柳暗花明步步高升。貴人有一種提攜自己的力量，他能幫助自己實現質的蛻變。

女人怎樣理解貴人兩個字呢？貴人，非富即貴，這個富或貴，有的是財富，有的是地位，有的是知識，貴人通常會在不經意間，以雪中送炭的形式出現在我們身邊。

剛剛畢業的留學生楊雪想回國發展，但是找了很多份工作，都沒有成功。一天，她在網上看到一家跨國公司正在應徵一個職位，她覺得這個職位十分適合自己，但是應徵的人又太多，擔心自己單槍匹馬地去競爭，成功的機率太小。就在這時，她想起在學校的校友錄上曾看到過一位學長是

這個公司的高層，於是她連夜寫了一封電子郵件，發給了這位從未謀面的學長。在這封信中她強調自己和他是校友，很希望學長能給她一次機會，並附上了一份自己的個人履歷，在當時她只抱著萬分之一的希望，心想著那位高層學長即使回信，應該也是一些高高在上的客套話，不會馬上就給她一個答覆。可是就在一天之後，她就看到了回覆，回覆的結果出乎她的意料，她有點不敢相信 —— 學長讓她在第二天直接參加面試，並且還寫了一些鼓勵的祝福語。

《勸學》篇中講：「假輿馬者，非利足也，而致千里；假舟楫者，非能水也，而絕江河；君子生而非異也，善假於物也。」說的是能行千里的人並不是擅長跑步的人。能夠漂洋過海的人不一定是擅長游泳的人，那些做事聰明的人與常人也沒有太大差別，只不過是擅長借助外力。一個人的成功固然離不開個人的努力，但如果能借助外力的幫助，將會事半功倍。而這種外力很大程度上就來自身邊貴人的幫助。在三國裡，劉備要不是借助東吳的力量來抵抗曹魏集團的進攻，相信很難有取勝的把握，畢竟蜀國是三個國家中最弱小的國家。諸葛亮敏銳地看到了這一點，建議劉備聯吳抗魏，真是高瞻遠矚的策略舉措。然而，後來劉備因關羽被害而打破了吳、蜀兩國的聯盟，曹魏集團趁勢離間兩者，最終吳、蜀兩國相繼滅亡。

人生在世，一個人的力量終究有限，若想取得非凡的成就，僅靠一個人微薄的力量是不足以支撐起整個天空的。人生不可無貴人，因為貴人能為妳提供平常朋友所不能向妳提供的資訊和機會。往往在關鍵的時刻，妳掌握了他人沒有的資訊和機會，自然就在同行中掌握了不可多得的先機，一步為先，處處為贏。

貴人在生命中的出現，是成功道路上的一大轉機，一切從困厄到順利的轉變，都將隨著貴人的出現而發生。

▌「彈性」做女人

寧折不彎是一種氣節，但彎曲其實是一種智慧。

在加拿大有一條南北走向的山谷。山谷沒有什麼特別之處，唯一能引人注意的是它的西坡長滿了松、柏、冬青等樹，而東坡卻只有雪松。這一奇異景色之謎，許多人不知所以，然而揭開這個謎底的，竟是一對夫婦。

那是一個冬天，這對夫婦的婚姻瀕臨破裂，為了找回昔日的愛情，他們打算做一次浪漫之旅，如果能找回愛情就繼續生活，否則就友好分手。他們來到這個山谷的時候，天下起了大雪，他們望著漫天飛舞的大雪，發現由於特殊的風向，東坡的雪總比西坡的大且密。不一會兒，雪松上就落了厚厚的一層雪。不過當雪積到一定程度，雪松那富有彈性的樹枝就會向下彎曲，直到雪從枝上滑落。這樣反覆地積，反覆地彎，反覆地落，雪松因而完好無損。但其他的樹，卻因沒有這個本領，樹枝被壓斷了。

妻子發現了這一景象，對丈夫說：「東坡肯定也長過雜樹，只是不會彎曲才被大雪毀滅了。」兩人一下突然明白了什麼，擁抱在了一起。

生活中，我們每個人承受著來自各方面的壓力。這時候，我們只有像雪松那樣彎下身來，釋下重負，才能夠重新挺立，避免被壓斷的結局。彎曲，並不是低頭或失敗，而是一種彈性的生存方式，是一種生活的藝術。

「彈性」的生存方式，是自然萬物賜予我們的智慧。「彈性」有折衷的因素，有圓滑的因素，但「彈性」不是毫無原則，沒有原則不是彈性，而是劣根性。

在伊索寓言裡有一則蝙蝠的故事：

很久以前，鳥類和走獸發生了戰爭，雙方僵持，各不相讓。

一次雙方交戰，鳥類獲勝。蝙蝠出現在鳥類的堡壘。

「恭喜各位，能將那些粗暴的走獸打敗，真是英雄呀！你們看，我有翅膀能飛，我是你們的夥伴！」

鳥類聽牠這樣說，再看牠也有翅膀，就同意了蝙蝠加入。

但是蝙蝠的膽子很小，一旦開戰，就不敢露面，而是躲在一旁觀戰。結果戰爭結束，走獸打敗了飛禽。蝙蝠又趕快跑到走獸的陣營。

「恭喜各位，你們打敗了鳥類！你們看，我是老鼠的同類，也是走獸！請大家多多關照！」

走獸們同意了蝙蝠加入牠們的隊伍。

蝙蝠心中竊喜，發現這是個永保太平的妙計。於是，每當走獸們勝利時，蝙蝠就加入走獸，每當鳥類們打贏，牠又成為鳥類的夥伴。

最後戰爭結束了，走獸和鳥類言歸於好，雙方都知道了蝙蝠的行為。當蝙蝠再度出現在鳥類的世界時，鳥類很不客氣地趕走了蝙蝠：「走開，你不是鳥類！」

蝙蝠只好來到走獸的世界，走獸們則說：「你不是走獸！」也趕走了牠。

最後，蝙蝠只好在黑夜中偷偷地飛著。

蝙蝠最失敗的地方，就是沒有立場和原則。

因此，我們說的彈性既不是「固執己見」，也不是沒有立場和原則，而應該是一種心靈的包容與智慧的處事方式。一個有「彈性」的女人，會用一種藝術的方式來處理人與人之間的關係。會做人的女人，給人親和美好的感覺，人們都願意接近她，願意把心裡話告訴她。對於女人來說，做人的成功和做事業的成功同樣值得高興。懂得「彈性」做人的女人，會給自己帶來好運和幸福。

那麼，如何處理好「彈性」的分寸呢？

做人首先要懂得禮數，會說話，又能領會別人的意圖；會做事，要利己利人。人們都認為禮多人不怪，無禮肯定會得罪人。

禮數周到，能顯出女人的修養。沒有人喜歡和做事沒有分寸、說話隨便的人打交道。那樣的人大家都認為他們「沒前途」，因為他們的行為方式，已經讓人對他們產生了排斥心理。人總是願意和自己意見相近的人溝通，那樣溝通起來比較方便。做事也要和能與自己想法一致的人合作，那樣能提高效率。

禮數周到，讓人感到女人心態的成熟。禮數分寸掌握得好，能拉近與陌生人間的距離，又能拒人千里之外，但是不得罪人，禮數的巧妙就在這裡。遇見競爭對手，依然有理有度，反而會令競爭對手刮目相看。

▋不要告訴別人妳更聰明

英國 19 世紀政治家查士德‧斐爾爵士曾這樣教導他的兒子：「要比別人聰明，但不要告訴人家你比他更聰明。」這話固然圓滑，但確實是做人的至理名言。因為鋒芒過露的人只會給自己招來不必要的麻煩和嫉妒。而真正聰明的女人往往是那種「善於低頭」、「懂得收斂」的女人。因為這才是她們真正立於不敗之地的法寶。

然而，現實生活中，並不是每個女人都擁有這樣的智慧，以至於常在現實中弄得「頭破血流」。

王玥是一所名校的高材生。在一家大型房地產公司的徵才中，她以亮麗的外貌、咄咄逼人的口才技壓群芳，成為公司銷售部的業務員。

老闆還花錢專門讓她和其他的幾位「新人」去接受培訓。

王玥不僅美麗，人也很聰穎。培訓完回公司後，老闆讓「前輩」安大姐帶她跑銷售。起初，王玥出於對前輩的尊敬，有了問題，時常會向安

大姐請教。然而，熟悉工作後，她那原本孤傲的性情開始暴露出來——
「安大姐，這麼簡單的電腦程式妳怎麼都不會用呀！」

「大姐，妳這套衣服搭配得不協調，客戶見了會說我們公司員工缺乏品味。」

「老安，緊纏著客人不好吧！熱情過頭有時效果會適得其反啊！」

「妳看，像我這樣就能把客戶的需求套出來吧！」

本來，安大姐對接納這位美貌的「才女」就心存憂慮，沒想到，她這麼快就對自己頤指氣使了。安大姐是那種修養極好的人，表面上雖不動聲色，但已經開始對王玥築起了一道心理防線。

依仗著自己剛剛建立起來的客戶網，王玥還把自己獨立在那批新人的圈子外。她覺得自己適應能力強、起點高，加上又有老闆對她的器重，她有自信能很快地成為老闆的左右手。

於是，在自我感覺良好的狀態下，王玥傲視同仁，毫無顧忌地與所有人爭搶客戶，其做派和咄咄逼人的競爭架勢令新老同事們退避三舍，躲之不及。

果然，在半年成果會上，王玥銷出去的房地產是最多的，業績也當然是最突出的。老闆對她的能力十分欣賞，有意提拔她當銷售部經理。但是，當老闆想了解下屬們對王玥的評價時，大家要麼閃爍其詞，要麼沉默不語。

但最後發出的共同資訊是：他們不會歡迎聰明得過了頭得女人來當「領頭羊」。因為在她的手下做事，有一種芒刺在背的感覺。

老闆雖然是說話算數的人，可是不得不考慮大部分人的意見，最終也只得放棄了提拔王玥的設想。這樣的結果是在王玥意料之外的，她原以為自己升職是穩操勝券的事。

　　於是，不解的王玥找到了老闆詢問，老闆說：「妳的能力固然是有目共睹的，不過，強勢也不必一定要在壓倒別人的時候顯現，要知道，如果我們要取得真正意義上的成功，僅僅依賴某個能人的單打獨鬥是不夠的，必須要靠團隊精神和眾望所歸的凝聚力。」

　　老闆的話是比較委婉的，聰明的王玥怎麼能不明白呢！

　　這次的失敗讓王玥好好地反省了一次：收斂一下傲氣，偶爾低一下高傲的頭，這樣自己的視線才會和大家看到同樣的風景，並更能正視自己。

　　《下決心的過程》一書中有一段富有啟示性的話：人，有時會很自然地改變自己的想法，但是如果有人說他錯了，他就會惱火，會更加固執己見。人，有時也會毫無根據地形成自己的想法，但是如果有人不同意他的想法，那反而會使他全心全意地去維護自己的想法。不是那些想法本身多麼珍貴，而是他的自尊心受到了威脅……因此，妳告訴別人，妳比人家更聰明無疑是貶低了別人，讓他們覺得自尊受損。這樣做的方式只會讓自己的處境變得非常尷尬。

　　所以，聰明的女人要收斂自己，不但不要告訴別人妳更聰明，適當的時候還應該示弱，這是女人保全自己、贏得支持的良策。

　　適度示弱，可以減少甚至消除嫉妒，人們對成功者產生嫉妒是一種天性，適度示弱可以將其消極作用降到最低限度，讓自己免受他人的排擠。

　　適度示弱，可以消除人們的仰視心理，促使人們的心理平衡，並可以給人一種實事求是、不虛浮的感覺；此外，適當地示弱還能拉近妳與大家的距離，消除妳前進道路上的障礙，避免「古來聖賢皆寂寞」和「古來才大難為用」的尷尬。

　　學會適度地示弱，適時地承認自己並不比別人更聰明，才能爭取到更廣闊的發展空間！

▌會做人也要會說話

托爾斯泰的名作《安娜‧卡列尼娜》中有這麼一段情節：

安娜的哥哥有外遇，被嫂子獲知，嫂子鬧著要與哥哥分手，安娜前來勸架，嫂子心中氣憤，方寸大亂，正不知如何是好。安娜只問一句話：「妳還愛他嗎？」嫂子頓悟。這句話是解圍的話，也是好話。

在一個宴會裡，大家都穿得明豔照人，只有一個人因為穿得樸素無華而侷促不安，妳告訴她：「妳穿得多清爽，不和人爭奇鬥豔，真高明！」一句話使對方如釋重負，生出自信，這樣的話讓人會久久難忘。

為受苦的人說一句解圍的話，為沮喪的人說一句鼓勵的話，為疑惑的人說一句點醒的話，都是令人愉快的話，也是我們平常所說的「好話」。

美女因說好話而顯得更美，淑女因說好話而顯得更高貴。

尊重人、讚揚人更是令人愉快的好話。

心理學家曾做過這樣的實驗：他用一種叫「測力器」的儀器測量人的疲勞程度。當勞累的兒童聽到對他（她）的讚揚時，測力器馬上顯示出新的能量產生的電脈衝；當兒童被責罵時，測力器顯示的電脈衝突然下降。這表明，讚美的確能給人新的力量和活力。日常交流中，適時、恰當的讚揚，可以調節談話氣氛。交談中，在一定的語言環境裡稱讚對方的聰明才智、高尚品德、性格優點、身材相貌等，會使人覺得妳可親可敬。可以想像，當別人給妳一個真誠的褒揚或誇獎時，妳一定覺得好像注入了一劑興奮劑。心理學家說：「讚揚就像溫暖人心靈的陽光，我們的成長離不開它。」他建議人們多給別人「陽光般溫暖的讚揚」。

人緣好的女人其實沒有什麼訣竅，就是處處讓別人有被重視、被尊重的滿足感。

心理學研究表明，尊重是人的一種高級需要。人們需要自尊，希望別人尊重自己的人格，期待自己的能力得到公正的承認和讚賞，需要在群體中確立自己的地位。對於自尊心、自信心和好勝心強的人尤為如此。他（她）們對自身期望值極高，常常期待別人對自己也是肯定或贊同的。如果尊重的需要得到滿足，就可以穩定人的情緒，增加人的自信心，使其感到自身存在的價值，並在學習、工作中產生強大的動力，表現出持久的幹勁，甚至會取得令人驚訝的成就。

人性的一大弱點，是時刻需要來自別人的肯定。因為人類生活在地球上，幾乎「每人是一座孤島」，只有自己才是自己最親密的朋友。人類必須時刻自我安慰，自我肯定，才能積極和快樂地生存下去。

因此，若能給予別人安慰和肯定，就等於「分擔」了別人的工作，並且令別人對妳有「最親密的朋友」的認同感。

如何給予別人安慰與肯定？

答案是：盡量稱讚別人！稱讚，稱讚，再稱讚！

每個人一定有值得稱讚的地方，從外表、儀態、性格、言談到品位，不論是具體的（例如相貌漂亮）或抽象的（例如品位超凡），都有特殊之處。人緣好，就是因為懂得「放大」別人的優點，尊重別人的長處，而令別人獲得肯定自我的滿足感，所以會深深喜愛妳。

多對人說好話，千萬別說掃人興的話或挫傷人的自尊的話，那麼我們不僅人緣會好，而且能很順利地辦成我們要做的每件事。

▎適時施展自己的女性魅力

在這個社會中，女性的性別魅力得到了充分的重視。作為女性，當然也不要忽視妳自身的這種最有力武器哦！

- **漂亮**：傾國傾城、豔驚四座的女人終究是稀有的，所以懂得這個道理的女人也當然懂得怎麼改變自己、彌補自己的先天不足，用服裝、用髮型、用化妝品……當一切能用的手段都用上了之後，哪個女人不讓男人目瞪口呆呢？

- **關心**：女人的關心是世界上最容易讓人感動的事情之一，不管它來自母親、妻子、情人還是同事。妳輕柔的一句關懷，有時候能讓被妳關心的人記一輩子，信不信由妳！

- **文靜**：妳要做個有內涵有格調的女人，學會用微笑來回答或中斷妳認為不適當的話題。

- **自信**：妳應該懂得辦公室不是男人的天下，妳也應該知道妳的權利和男同事是平等的，妳更應該了解自己的能力不次於任何人，所以，妳完全可以用充滿自信的目光看待每一件事、每一個人。

- **快樂**：這是一種最美麗的武器。快樂的含義無須多說，快樂是妳從事所有事業的基礎。

- **健康**：現在誰還喜歡像林黛玉那樣的病美人？如果在工作場合，妳成天一副愁苦的樣子，別人看著也難受，還覺得妳嬌氣，這不是讓自己為難嗎？

了解了妳身上的性別魅力之後，是不是對女性身分有著更多的自豪和優越感呢？下面我們就可以充分發揮這種優勢，乘勝出擊，樹立自己在同事和上司面前的良好形象，成功就指日可待了。

- **保持完美形象**：形象在女性生活和工作中都占據著非常重要的地位。妳是否還記得奧斯卡金像獎得主《大老婆俱樂部》中的主角，當她們為自己討回公道時，改變形象成了至關重要的一點。心情鬱悶的時候換一身服裝、一種造型就會奇蹟般地獲得一種新生的活力。

- **樹立自信**：自卑是工作最大的敵人，所以想要成功一定要建立自信。自信也會讓女人更美麗。拿出當年妳在大學裡參加辯論賽時的風采，參加歌舞比賽時的風姿綽約，還有參加賽跑比賽時的颯爽英姿，告訴自己：我永遠是最棒的！

- **運用智慧**：工作時難免會遭遇困難與挫折，這時，如果妳置之不理，甚至半途而廢，將會使公司對妳的看法大打折扣，因此，隨時運用妳的智慧，也許只要一點創意或靈感就能解決困難，使工作得以順利完成，妳也能贏得大家的喝彩和刮目相看。

- **學會自我調節**：競爭帶來的壓力越來越大，大多數女員工的頭腦中都充斥著要做的事情，當妳的身心不堪重負時，悲傷、焦慮、恐懼，甚至犯罪感便會隨之襲來。調節就是把妳從混亂的思考中解放，幫助妳消除那些憂慮。在一個安靜的角落裡，擺一個舒服的坐姿，把思想集中於妳的呼吸，一旦私心雜念闖進來，盡力讓它們漂走，重新回到呼吸上來。重要的不是妳調節的時間長短，或者是否能成功地拋棄雜念，關鍵在於要每天堅持做幾分鐘。

- **隨時保持整潔**：一般來說，從一個人辦公桌上物品的擺放，可以看出她的辦事效率及態度。若是桌上物品任意堆置，顯出雜亂無章的樣子，相信這個人的工作效率一定不高，工作態度也是比較隨便。相反的，桌子收拾得井井有條，顯出乾淨清爽的樣子，則使人相信她是個態度積極、講求效率的人，事實往往也的確如此。

- **不恥下問**：期待每天可以向可能見面的人取經，人人皆為我師，不管是下屬還是路人。

- **充分利用專長**：天生我才必有用，相信自己有許多專長，充分利用自己已有的知識。

◆ **勇於面對問題，解決問題**：將有辦法解決的問題及無法解決的問題分別列出。有辦法解決的問題全力以赴地去解決，無法解決的問題先尋求公司支援，相信精誠所至，金石為開，凡事盡力而為必能得到對方的諒解與支持。

◆ **擴大自己的工作舞臺**：有空的時候到自己不熟悉的部門看看，了解其他部門的工作性質。多接觸其他部門的同事，擴大自己的人際交往圈。

◆ **施展妳的人格魅力**：在大多數人眼裡，人格魅力是一種近乎神奇的事業促進劑，是一種迷人的氣質。人格魅力能讓妳成為眾人擁護的人生贏家。

◆ **真情動人**：情感是聯繫上下級關係的一個重要紐帶，是非權力的影響因素。作為一名部門主管，若想在同事間獲得不錯的影響力，就必須做到擺正自己的位置，以誠待人，以真感人，以情動人，加強與員工之間的交流溝通；對待有不同意見的人，不能採取高壓政策，而是要善於聽取部下的意見，廣納群言，這樣才能充分調動起他們的主動性和工作積極性。除此之外還應關心員工的生活冷暖。

◆ **創造傲人業績**：工作實績是衡量一個人的素質高低的最直接標準。突出的工作成績最具說服力，最能讓人信賴和敬佩。若想做出一番令人羨慕的業績，就要善於決斷，勇於負責，敢於創新，勤於開拓，善於研究市場，勇於掌握市場。只有這樣，企業的航船才能在市場經濟的大潮中，或「以不變應萬變」頂住風浪，或憑藉「見風使舵」乘風破浪，越過激流，避開商戰「陷阱」，使企業立於不敗之地。當妳力挽狂瀾以傲人的業績使企業騰飛時，妳的影響力也就順理成章地達到了「振臂一呼，應者雲集」的地步。

總之，作為女人，一定要懂得施展自身的女性魅力，讓自己在辦公室中充分顯示出自身的幽默活潑，大方開朗，善解人意，讓別人充分感受到與妳共事的幸運和興奮。只有這樣，妳才能在自己的周圍營造一種和諧的工作氣氛，並在這種氣氛中，施展自身的實力和才幹，慢慢地提升自己。

▎不妨「迎合」別人的需求

在紐約，著名編輯肯尼思當年初進入報界求職的時候，便是迎合了別人的需要才獲得成功的。

18 歲的肯尼思孤身一人闖紐約，他的第一個問題便是要向一個完全不認識的人求得一個編輯的職位。當時的紐約有成千上萬的人失業，而所有的報社都被求職的人包圍著，在這樣艱難的時期，他的問題是多麼難解決呀！然而，肯尼思有一項優勢，那就是他曾在一家印刷廠做過幾年排字工人。

肯尼思拜訪的第一家便是《紐約新聞》，因為他早已知道這家報紙的老闆格里萊少年時也曾像他一樣，做過印刷廠的學徒。因此，他料定格里萊對於一個與他有相同遭遇的孩子，一定會表示同情的。果然，格里萊錄取了他。

他之所以能輕易地使老闆相信他是值得僱用的人，完全是因為肯尼思知道運用「接近別人的經驗」的策略，能夠借用格里萊自己的經驗來表達他的抱負。

石油大王洛克斐勒的兒子是一個聰明的人。一次他帶了三個孩子出去旅行，不料被許多攝影記者包圍住了。他很不願意孩子的照片被刊登出來，但是他能當場表示拒絕嗎？不！他想，要既不讓這些攝影記者掃興，又讓他們同意不拍攝他的孩子們的照片。

他與他們談話時，並不把他們當作新聞記者，而是當成他們的師長。他與他們討論，表示刊登小孩子的照片，似乎不是教育兒童的好方法。於是這些攝影記者同意他的意見，很客氣地走了。

美國著名演說家喬登之所以能保持演說家的地位長久不衰，關鍵在於他善於應用這種策略。

有一次，他在一個陶瓷學校演說，第一句便說自己是校長手裡的「陶土」，接著再說陶瓷簡史，使全校師生都聽得非常滿意。

又有一次，他在一所英國學校演說時，他則列舉一大串從該校畢業出來的著名人物，借此說明英國的教育上是多麼卓有成效，勝人一籌。當然，他的演說受到熱烈的歡迎，因為他一切演說的重點總是集中在別人的興趣上。

《演說術》一書的作者菲利浦曾說：「以聽眾的經驗來發揮，乃是演說術的第一要義。演說者把他的思想集中在聽眾本身經驗中越多，便越容易達到演說的目的。」

作為女人，若想抓住別人的注意力，讓他人信賴自己，有時候，不妨「迎合」別人的需求。比如，抓住別人喜歡被讚美的需求，抓住他人喜歡與趣味相投的女人交流的需要。投其所好，會讓人家覺得妳比較關注他（她），從而也容易接受妳。

得理也要「讓三分」

美國鋼鐵大王查爾斯·施瓦布在午休時間經過自己的鋼鐵廠，看到有幾個工人在抽菸，而就在他們的頭頂正上方，高高地懸著一塊大牌子──禁止抽菸。

施瓦布想了一下，面帶微笑地朝抽菸者走去，友好地遞給他們幾根雪茄，幽默地說：「各位，如果妳們能夠到外面抽掉這些雪茄，那我真是感

激不盡了。」

頓時，幾名抽菸的工人馬上把菸捻滅，並對施瓦布產生了好感和尊敬之情。因為施瓦布沒有直接責罵他們，而是用充滿人情味的方式讓他們樂於接受對自己的批評。

有理也該懂得讓人。如果說無理不讓人是錯的，那麼有理不讓人是否就對呢？顯然也是不對的。因為「不讓人」的態度和做法常常是錯誤的，不可取的，有悖於我們做人做事的原則。

每個人都有自己的個性，都可能在某些方面與別人不同。朋友相處，常常都會有大大小小的矛盾。

得理讓三分，是一種謹慎的處世方法。適當的謙讓不僅不會招致危險，反而是尋求安寧的有效方式。在生活中，除了原則問題必須堅持之外。對於小事，對於個人利益，謙讓一定會帶來身心的愉快以及和諧的人際關係。

為人處世，遇事都要有退讓一步的態度才算高明，讓一步就等於為日後的進一步打下基礎。給朋友方便，實際上是日後給自己留下方便。

不刻意追求反而有所得，追求得太迫切反而只能徒增煩惱。以退為進，這種曲線的生存方式，有時比直線的生存方式更有成效。朋友間退一步會發現，活動空間是寬闊的，行為會有多種的選擇。

退讓三分，就必須在一個「忍」字上下工夫，學會忍耐朋友的小缺點、小錯誤，甚至忍耐朋友的不公正和無禮。

一幫朋友在一起吃飯。一個朋友將一碗熱湯弄翻，灑了旁邊的朋友一身。他連忙道歉，說自己是不小心的。

旁邊的朋友沒容他說完，便急切地問他：「也燙到你了嗎？」

這一句關心友人的反問，其實更勝過他說沒關係。說沒關係只是一種

容忍，而這句反問則讓他由被動地忍讓轉為主動的關心。倘若，妳被灑了一身湯，只是皺皺眉頭，儘管他也會道歉，也知道是他的失誤，但妳的這個動作，會讓他感覺到不是滋味，還不如妳埋怨他幾句。

現實生活中，有的人缺乏胸懷和氣度，遇事斤斤計較，寸步不讓。當然，別人侵犯了妳，傷害了妳，妳若立即反擊一下，心理會得到暫時的平靜。然而，妳是否想過，得饒人處不饒人，以牙還牙，結果只會導致一場舌戰，甚至大動干戈，給別人帶來傷害的同時，也深深地傷害了自己。

人與人之間需要融洽、和諧的關係。即使有理也得讓人。它可以使摩擦減少到最低程度，甚至可以化衝突為祥和，化干戈為玉帛。別人不經意衝撞了妳，內心也會不安，妳以寬容之心待人，就會使彼此擁有更多的信任和愛惜。

一個人不僅要胸懷寬廣，更要注意尊重別人的自尊。因為對於他人而言，如果損失了金錢，還可以再賺回來，一旦自尊心受到傷害，就不是那麼容易彌補的。所以，妳逞一時言語之快，甚至可能為自己樹起一個敵人。

對待別人的錯誤，不應該以指責為優先，方法更不能粗野，不能刺傷他人的自尊心。如果自尊心受到傷害，即使妳說的和做的都正確，別人也不能心甘情願地接受，又怎麼能達到使人改過的目的呢？

得理讓三分是一種涵養，一種善待生活、善待自己的境界。它能陶冶人的情操，帶給妳心靈的安寧和恬靜，能不斷改進自己與他人的關係，使自己的心靈得到慰藉和昇華。透過妳的寬容滋潤別人，感化別人，會收到「潤物細無聲」的效果。

第七章　懂愛，才能「愛得起」

　　每個女人都渴望愛情。渴望愛著，以證明自己存活的能力與價值，以釋放那無處安放的躁動與甜蜜；渴望被愛，渴望被小心翼翼地捧在掌心。可以說，愛是女人一生的追求與美麗的宿命。

　　然而，有些女人是愛不起的，因為愛讓她們迷失了自己。為了愛，他們忘記了自己的喜好，忘記了自己的追求，忘記了自己的夢想……

　　其實，愛需要緣分，更需要契機。真正懂得「愛」的女人知道愛來的時候要珍惜，愛走的時候不為它哭泣。因為，她們有能力去愛，也愛得起。

▎動情之前動腦，愛人之前愛己

有人說：女人似乎天生是為愛情而生的，她們嚮往愛情，一旦陷入愛情，就很容易成為不用大腦思考的傻瓜。事實也常是如此，有些時候，女人的愛並非常理可以說得通的，她們只要迷戀上一個男人，就不會管對方人品如何，值不值得自己愛，也不管對方對自己是否真心，有沒有家庭等，只要是自己「愛」了，就赴湯蹈火，不惜為愛粉身碎骨。這種沒有理智，缺乏原則的愛帶給女人的只有傷害。

郁玫從十幾歲開始就沉浸於言情小說中不能自拔，她幢憬言情小說中那種出生入死的美麗愛情，甚至一遍遍地幻想自己就是小說中的女主角，正與書中的男主人經歷著讓人沉醉的愛情。因為沉迷於言情小說，郁玫連自己的學業都荒廢了。高中畢業以後，她沒有考上好大學，就到一家電子廠工作。

因為郁玫長得漂亮文靜，有略帶憂傷的氣質，很多男員工都喜歡她。而她只對公司的主管情有獨鍾。主管是個二十九歲的年輕人，氣宇軒昂，風度翩翩，很受廠裡小女生的傾慕。而他似乎也注意到了郁玫，總是有意無意獻殷勤，那種若即若離的態度讓郁玫沉醉不已。她認定對方就是自己的「白馬王子」。

為了贏得「王子」的歡心，郁玫把自己打扮得花枝招展的，不時從「王子」的身邊經過，王子終於展開了攻勢，很快就贏得了「美人歸」。他們展開了地下戀情，偷偷地住到了一起。

可是，讓人遺憾的是，美麗的夢幻終究是要破滅的。很快郁玫就發現這個主管其實已經有個談婚論嫁的女朋友，只是那段時間那個女孩正好回老家了。郁玫痛不欲生，她不知道該如何收場。而主管似乎也很不捨，他說他對不起郁玫，他愛他的未婚妻，離不開那個女孩，但他也愛郁玫，同

樣沒有辦法離開郁玫。在「愛」與「不愛」中取捨了很久，郁玫覺得自己沒有辦法離開那個男人，她放下自己，全心全意地當起了男人的地下情人。在家當公主的郁玫，沒做過什麼家事，但是為了此男，竟然練成了一手好廚藝。為了使此男開心滿意，她把自己的生活費、打工賺來的錢全部給此男買了他最喜歡的電腦、名牌手錶⋯⋯

最後的結局是，男人還是捨下了她，與別的女人結婚了。郁玫欲哭無淚，她不明白，為什麼自己付出了那麼多，卻沒有得到應有的報酬？因為無法舒解內心的痛苦，她竟幾次朝自己舉起了利刃⋯⋯

女人是感性動物，因此女人常常是動情之後再動腦。但是，動情是要付出成本的，而且愛的成本付出了之後也不一定會得到相應的回報。如何平衡付出與回報的問題，是一個女人在戀愛之前就應該學會的。如果一個女人只懂得動情，而不懂得動腦，最終就可能淪落到郁玫那樣的下場。這種愛讓人痛心，更讓人惋惜。所以，女人一定要學會在動情之前先動腦。這才能保證自己擁有一份理性的而不是衝動的愛。

那麼，動腦需要什麼？當然是知識。什麼樣的人該去愛，什麼樣的愛情才是可靠的愛，這都需要女孩有一個清醒的頭腦，有足夠的判斷力。有的女孩單純得像一張紙，經不起誘惑，就陷入了愛情的陷阱之中；有的女孩受言情小說和影視劇的影響，容易被一些貌似浪漫但卻十分虛幻的愛情所打動，但這樣的愛往往也是持續不久的；有的女孩有戀父情結，被一些大叔的所謂的關心所感動，發生扭曲的戀愛。其實，說到底，若想擁有一份健康的，能夠穩定發展的愛情，就需要一種愛的能力。

如果一個女孩在戀愛之前不會用腦，那誰會為妳的愛情負責呢。正因為愛情不易，所以女孩一定要慎重，因為只有自己能夠為自己負責。懂得對愛情動腦筋，就是要學會具備一種愛的能力。愛情不是盲目的，面對愛

情我們要學會有備而來。愛的能力其實就是一個女孩在成長的過程中要鍛鍊的能力。比如認識自己的能力，判斷人的能力，人際交流的能力，正確的價值觀，獨立思考的能力等等。只有具備了這些良好的素質，妳才有能力去面對愛情。

　　戀愛中的女人，千萬別當戀愛中的傻瓜，學會在動情之前動腦，在愛人之前先學會愛自己。只有一個愛自己的女人才能真正贏得別人的愛，只有懂得動腦的女人，才不會因為愛失去自己。

▌別為了戀愛而「戀愛」

　　很多時候，女人渴望的可能不過是有個伴，有個可以談戀愛的對象。

　　生活中，為了戀愛而「戀愛」的女人並不鮮見，晶晶就是其中一個：

　　晶晶是一位長相甜美的女生，家境優越，從小習慣了被人呵護。

　　晶晶在上大學之前，被家人小心地保護著，沒有陷入早戀的泥沼之中。但晶晶上了大學之後，離開了父母，依賴性很強的她面對即將到來的獨立生活，有些無所適從。大學裡課業的負擔減輕了許多，這讓晶晶空閒的時間越來越多，但她又不知道怎麼打發這種空閒時間。她看到身邊有很多同學談了戀愛，成天出雙入對的，一起上課，一起出遊，心裡很是羨慕，她真希望自己也能戀愛一次。

　　恰好這時，同班一位高大的男生開始追求晶晶。晶晶對這位男生並沒有特殊的好感。但男生似乎很懂得晶晶的心思，總是在她空虛無聊的時間出現，陪她聊天、吃飯、玩樂。她沒有拒絕這個男生的追求，自然而然就成了這位男生的女朋友。

　　晶晶從接受追求到依賴，再到同居，在與這位男生交往的過程中，晶晶動不動就要小姐脾氣，成天指使男友，慢慢地，男生有些招架不住了，

他開始千方百計地躲晶晶，而晶晶已經習慣了自己的戀人，她再也沒有辦法獨處了，於是男生走到哪裡她就追到哪裡，這讓男生覺得很沒有面子，直接提出了分手，而且分手之後還到處散布謠言，說自己如果早知道晶晶是這麼一個刁蠻的女人，打死也不會跟她談戀愛……從小沒有受過氣的晶晶一下子病倒了，她成天以淚洗面。

其實，為了戀愛而「戀愛」其目的不過是為了擺脫空虛、孤獨的感覺。如果有幸找對了人，對方懂得愛自己、關心自己，倒也是一件幸運的事情。不過，大多數時候因為害怕孤獨而談戀愛的女人非但沒有辦法擺脫孤獨，還可能陷入比孤獨更加可怕的處境中。

女人遭遇災難的開端，很多時候往往是因為忍受不了孤獨造成的。比如，故事中的晶晶，因為害怕孤獨，接受了一個自己不喜歡的男生。有的女人會愛上有婦之夫，明明知道這樣的愛情很不可靠，可還是忍不住向前衝；明明知道這是條不歸路，可是還是無法說服自己冷靜。這種非常態的愛情並不是因為愛情太偉大，可以跨越很多東西，恰恰是因為這個女人學不會獨自生活，學不會忍受這種短暫的孤獨，寧可被一團無聊的嘈雜所包圍，也不肯自己靜下心來好好生活。

因此，女人無論什麼時候都要學會愛自己，不要為了戀愛而「戀愛」，更不要因為耐不住孤獨、寂寞，無法自己獨立而戀愛。因為，就像歌詞唱得那樣「孤單是一個人的狂歡，狂歡是一群人的孤單」，如果跟自己戀愛的那個人並不懂得自己，那麼妳將面臨更大的孤單。

那麼，一個女人如何才能安然度過孤獨的時光呢？

要安然度過孤獨的時光，女人就應該學會和孤獨和平共處，體味孤獨、享受孤獨，克服因為孤獨而戀愛的不良心態。因為，愛情在一個良好的心態和氛圍中滋生，才可能是健康的、安全的，如果妳任由它歪曲地生

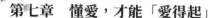

長起來，長出的也只能是惡之花。

若想克服孤獨，避免因為孤獨而戀愛，女人應該做到以下幾點：

* **做自己喜歡做的事情**：孔子說：「德不孤，必有鄰。」一個人默默地做自己喜歡的事情的時候，是不寂寞的。比如一個學生在看書，一個思想家在思考問題……在這種時候，人是需要獨處的，而這種獨處並沒有讓他們感到痛苦，因為他們喜歡，那是他們的工作。所以，如果妳擔心自己孤獨，不妨專心做自己感興趣的事情，這能幫助妳很好地克服孤獨。

* **平心靜氣想想自己要的是什麼**：一個女人如果不能心態平和地接受自己一個人的處境，她就不會懂得如何思考，如何正視自己。因此，陷於孤獨中的女人不妨靜下心來，為自己的過去做個總結，也為自己的未來做一個規劃。一個人的生活也並非那麼不堪，就將這段時期作為自己的能力儲備期吧！學會了獨自生活的本領，一生都用得著，因為誰也不可能陪妳一生一世。

* **參加集體活動**：如果無法忍受孤獨，那就應該多參加集體活動，成為集體中的一員，和他人一起分享快樂，一起分擔責任和痛苦。也許，在參加活動的過程中，妳不但會找到使妳感興趣的東西，還會發現一些妳所喜歡的人，友誼也就隨之而來。

* **幫助有需要的人**：幫助他人，為他人做事會使妳感到自己被人需要，這樣會減輕妳的孤獨感。邀請別人和自己一起做事，一起參加活動，就會使妳找到自己所需要的同伴。

總之，如果妳現在正孤獨著，千萬不要為了不孤獨、為了戀愛而「戀愛」，只要學會克服孤獨，擺正心態，積極樂觀地生活，就一定能活出一個人的精彩。請相信，那個真正適合妳的人，正朝妳大踏步地走來。

灰姑娘的愛情是童話

　　過去的童話與當今的愛情連續劇中，總是少不了灰姑娘式的女孩。總有一天，白馬王子會走進灰姑娘的生命中，拯救了灰姑娘。「從此，王子與灰姑娘過上了幸福快樂的生活」—— 這是童話的標準結束語。

　　二十幾歲的女孩，正是一個做夢的年齡。不少喝著愛情童話、神話之水長大的女孩，也難免在下意識中想：會有一個白馬王子……

　　王子在哪裡呢？一直等待也不是辦法呀。於是，一位比灰姑娘還漂亮的美國女孩決定化被動守候為主動出擊。她在社群網站上發了一個求助貼文。主題為：我怎樣才能嫁有錢人？以下是她的貼文的中文翻譯 —— 我下面要說的都是心裡話。本人 25 歲，非常漂亮，是那種讓人驚豔的漂亮，談吐文雅，有品位，想嫁給年薪 50 萬美元的人。你也許會說我貪心，但在紐約年薪 100 萬美元才算是中產，本人的要求其實不高。這個版上有沒有年薪超過 50 萬美元的人？妳們都結婚了嗎？

　　我想請教各位一個問題 —— 怎樣才能嫁給妳們這樣的有錢人？我約會過的人中，最有錢的年薪 25 萬美元，這似乎是我的底限。要住進紐約中央公園以西的高級住宅區，年薪 25 萬美元遠遠不夠。我是誠心誠意來請教的。

　　有幾個具體的問題：一、有錢的單身漢一般都在哪裡消磨時光？（請列出酒吧、飯店、健身房的名字和詳細地址）二、我應該把目標定在哪個年齡層？三、為什麼有些富豪的妻子看起來相貌平平？我見過有些女孩，長相如同白開水，毫無吸引人的地方，但她們卻能嫁入豪門。而單身酒吧裡那些迷死人的美女卻運氣不佳。四、妳們怎麼決定誰能做妻子，誰只能做女朋友？（我現在的目標是結婚）

署名是卡蜜拉小姐。

下面是一個華爾街金融家的回覆。

　　親愛的卡蜜拉：

　　我懷著極大的興趣看完了貴帖，相信不少女士也有跟妳類似的疑問。讓我以一個投資專家的身分，對妳的處境做個分析。我年薪超過50萬美元，符合妳的擇偶標準，所以請相信我並不是在浪費大家的時間。

　　從生意人的角度來看，跟妳結婚是個糟糕的經營決策，道理再明白不過，請聽我解釋。拋開細枝末節，我所說的其實是一筆簡單的「財」、「貌」交易：甲方提供迷人的外表，乙方出錢，公平交易，童叟無欺。

　　但是，這裡有個致命的問題，妳的美貌會消逝，但我的錢卻不會無緣無故減少。事實上，我的收入很可能會逐年遞增，而妳不可能一年比一年漂亮。

　　因此，從經濟學的角度講，我是增值資產，妳是貶值資產，不但貶值，而且是加速貶值！妳現在25歲，在未來的5年裡，妳仍可以保持窈窕的身段，俏麗的容貌，雖然每年略有退步。但美貌消逝的速度會越來越快，如果它是妳僅有的資產，10年以後妳的價值堪憂。

　　用華爾街的術語說，每一筆交易都有一個倉位，跟妳交往屬於「交易倉位」，一旦價值下跌就要立即拋售，而不宜長期持有—也就是妳想要的婚姻。聽起來很殘忍，但對一件會加速貶值的物資，明智的選擇是租賃，而不是購入。年薪能超過50萬美元的人，當然都不是傻瓜，因此我們只會跟妳交往，但不會跟妳結婚。所以我勸妳不要苦苦尋找嫁給有錢人的祕方。順便說一句，妳倒可以想辦法把自己變成年薪50萬美元的人，這比碰到一個有錢的傻瓜的勝算要大。

　　希望我的回帖能對妳有幫助。如果妳對「租賃」感興趣，請跟我聯絡。

這則不足千字的回覆，如一盆冷水潑在漂亮的卡蜜拉發熱的大腦上，但願包括她在內的所有讀者都能有所收穫。青春、美貌，這無疑是女人一項令人羨慕的資本，但妳的這項資本是「貶值資產」。亦舒有句話，大意是這樣的：「女孩子一生中，總會有那麼幾年，妳想要什麼，男人就會給妳什麼。甚至妳不曾想到的，他也體貼地幫妳早早都安排好了。可是，過了這幾年，誰還理妳？」

妳一天天老去，但滿街都是新鮮女孩，她們有著迷人的青春。已經沒有年輕和美貌的妳，拿什麼和她們爭？這年頭，變心的翅膀滿天飛，妳能指望男人永遠滿心歡喜地為妳買單嗎？

▋有實力的女人才有吸引力

一個漂亮的女人在年輕的時候，總是受到眾多男人的追捧。她們努力展現自己的美貌，追趕時尚的步伐，她們在青春年華時風光無限。可是，再貌美的女人也有年老色衰的一天。女人總是太在意自己的容貌，以至於忽略了很多重要的東西。一個女人若想永保自己的吸引力，光靠美貌是遠遠不夠的，她需要有足夠的實力。

女孩子如果年齡一大還單身，就會有一種恐慌，害怕自己嫁不出去了，或是嫁得不好。真的是這樣嗎？如果說年輕的女孩子是一張純淨的紙的話，那麼成熟的女子就應該將自己演繹成一幅絢麗的畫。年齡的增長並不可怕，可怕的是妳隨著年齡的增長，卻沒有絲毫的增值。這樣的女人一旦歲月流逝，真的是什麼都沒有了。一個聰明的女人懂得不斷地修煉自己的魅力，增加自己的實力，她就可以坦然面對自己的皺紋，因為她永遠都是別人眼中的亮點。

實力才是永恆的吸引力。可是有些女人不明白這個道理，她們把太多

的時間和眼淚花在不值得費心思的事情上了。男人變了心，她們覺得是自己不夠美貌，或是不夠溫柔，她們總是怨恨命運，她們總是糾纏於男人為什麼變心，她們從來不認真想一想——如果自己是一個實力派女人，結果會怎麼樣呢？生為女人，最寶貴的並不是容顏和年齡，甚至也不是男人的愛與承諾，而是自己對自己的經營。就像時尚界最著名的可可·香奈兒一樣，她可以在 71 歲高齡的時候高調復出並再次創造時裝奇蹟，誰能說她不是最有魅力的女人呢！

　　一個聰明的女人是永遠不會糾結於自己容顏的老去、男人的變心等，既然世界上任何事情都存在著那麼多的風險，為何不經營好自己呢？一個聰明的女人懂得在年輕的時候不斷地修煉自己，當妳擁有了足夠的實力，還有什麼好怕的呢？

▎愛需要浪漫，更需要行動

　　詩人徐志摩曾寫下這樣一段文字：「我將在茫茫人海中尋訪我唯一之靈魂伴侶。得之，我幸；不得，我命。」可見，愛情對於每個人來說都是可遇而不可求的。所以，當愛情來臨的時候，一定要好好地掌握，切莫讓它與自己擦肩而過。

　　在電影《大話西遊》中有一段對愛情註解最經典的臺詞：「曾經有一份真摯的愛情擺在我面前，但我沒有珍惜，等到失去了我才後悔莫及，塵世間最痛苦的事莫過於此。如果上天可以給我再來一次的機會，我會對那個女孩說三個字『我愛妳』。如果非要在這份愛前加一個期限的話，我希望是一萬年。」

　　很多時候，女孩子認為主動是男人的事情。女孩子必須有足夠的矜持，等待著男人來追求自己。即使遇上了自己心儀的對象，也只能默默地

喜歡著，生怕別人看穿了自己的心思，成為別人口中的笑柄。女孩啊，妳難道不知道真正的愛情很難遇到嗎？因為被動和害羞了錯失了一段美好的愛情，那是多麼可惜啊！

在愛情中，很多女人選擇了被動，被動等著別人來愛妳、來離開妳。妳永遠只是一個被動的角色，妳掌握不了愛情發展的方向，妳只能跟著男人的步調走。而一個能夠掌握愛情主動權的女人，她能從茫茫人海中看到自己最中意的那個他，她會情不自禁地走近他，她會讓他走進她的生活，直到有一天成為她的伴侶。她永遠不會讓自己的生命留下任何遺憾，不管最終的結果如何，她都精彩地綻放過了。有一句話是這樣說的：「不願為任何人捨棄驕傲，又恨不得能為某個人放下矜持。」所以，當妳遇到了生命中的那個他，放下一點矜持又何妨？

愛情有時候很遠，有時候很近。當妳被某個人瞬間點亮了雙眼的時候，不要猶豫，不要怯懦。人生得一知己不容易，更何況是自己喜歡的人呢？錯過了，留下的是一段遺憾；錯過了，妳將永遠在心裡無法釋懷。那麼就不要讓他錯過，當愛情來時，牢牢地掌握住吧！

▎最好只愛一點點

愛情要愛到多少才能最愜意、最舒服。李敖說「只愛一點點」，也有人說「愛一個人愛八分剛剛好」，總之說的都是一個度的問題。愛人要愛得有分寸，愛得鬆弛有度，才是健康的愛情，才能保證長久的愛。

雕塑家羅丹的「著名情人」卡米耶‧克洛岱爾（Camille Claudel），就因為發瘋似的愛情，一直生活在羅丹的陰影裡。卡米耶是個天生的、天才的雕塑家。後來，她成了羅丹的學生，並且不顧一切地愛上了他，以至於因愛而瘋狂，在冰冷、無情的瘋人院生活了 30 年。很多人評價說卡米耶

第七章　懂愛，才能「愛得起」

「成也羅丹，敗也羅丹」，其實，她只是輸給了愛情。

卡米耶 6 歲雕塑出第一尊「作品」，18 歲自立雕塑室。天生的才華和過早的成就，賦予她桀驁、驕傲的個性。這樣的女人，即使遇到愛情，也一定要得到最完整、最無私的愛才肯罷休。但不幸的是，她偏偏碰到的是羅丹，那個只把雕塑視為一生摯愛的人。1883 年，卡米耶與羅丹相遇，此時她 19 歲，而他 43 歲。羅丹被她的才情和美貌折服，她進入他的工作室。卡米耶除了美麗、勇敢、驕傲和富有才華，她還是強悍的。在愛情裡，她需要一個完全屬於她自己的愛人。為了不再讓羅丹跟別的女性有來往，1886 年，他們簽下了一份「愛的合約」，他在合約裡承諾，永遠照顧她、保護她，對她忠實不二，從此不收女學生，不用女模特兒……然而，羅丹怎麼可能做到？羅丹這樣一個把雕塑視為終身伴侶的人，不可能給任何一個女人全部的自己和愛情。卡米耶就在這種絕望的愛情中瘋掉了，她毫不保留地愛上了羅丹，但在羅丹的傳記裡，她只是一個曖昧的大寫字母 C。

過分的愛造就了天才雕塑家卡米耶一生的悲劇。愛是兩種快樂，太愛則是一種負擔。很多時候，女人為愛情犧牲了很多，結果卻並沒有得到自己想要的同等的愛。並不是男人不給妳足夠的愛，而是太多的愛對男人來說也是一個枷鎖、一個沉重的負擔，他會被這濃烈的愛逼得喘不過氣。

愛要量力而為。量力而為的愛情不僅不會失去自我，打亂自己的生活，也不會給對方造成太大的壓力。臺灣女作家三毛的「馭夫術」就是放任老公荷西去做一個自由的丈夫，而不是用太多的愛設法控制他。三毛曾經說過，我的心有很多房間，荷西也只是進來坐一坐而已。

同樣，如果一個男人對妳好得太過分，好得沒有分寸，那妳一定要小心了。

妮妮是個貌美如花的女孩，在大學裡身邊總是圍了不少的男孩子。令妮妮為難的是，她自己也想不出要和誰交往。A 男學習好，很儒雅；B 男陽光燦爛，很會打籃球；C 男很幽默，特別會逗人開心……但是雖然有這麼多的愛慕者，他們都沒有李奇對自己熱心。李奇不像別的男生那樣，只會在恰當的時候表現一下自己的愛慕之意，李奇不管妮妮對自己怎樣，他總是願意陪在妮妮身邊，天熱了為她撐傘、天冷了給她送暖暖包、吃飯只選妮妮喜歡的、穿衣服也只穿妮妮看著順眼的。妮妮高興時他陪著笑，妮妮生氣時他就在一旁責備自己……兩年下來，妮妮被這個不起眼的李奇打動了，心想他就是最喜歡自己的人，為了自己他把他自己放得那麼低，將來他一定會永遠對自己好的。於是，妮妮心甘情願地做了李奇的女朋友。

然而妮妮並沒有得到她想要的愛情，曾經對她百般獻殷勤的李奇，不到幾個月就開始對她不聞不問，並開始追逐新的目標了。妮妮為此陷入了痛苦的深淵，她實在想不通的是，李奇花了兩年時間才追到自己，他對自己那麼好，甚至好得有點沒有自尊了，他為什麼就不好好珍惜，還要去喜歡別人呢？

其實，妮妮傻在分不清什麼是愛。女孩子選擇男朋友總是選不到自己最喜歡的，卻選那些追自己最勤勞的，追得越勤勞就代表他越愛妳。真的是這樣嗎？他把自己的位置放得很低很低，為妳不惜一切，他心裡真的是甘心情願嗎？有一位作家曾這麼說過，當一個人對妳好得超過了對他自己，這其中必定有詐。有的男人就是善於追逐目標，把追逐當作自己的樂趣，女孩子一定要認清。

愛得有分寸，這樣的愛才會輕盈。愛得太沉重，最終受傷害的是兩個人。

▌女人應掌握的約會規則

很多女人一旦與某一個男人確定了戀愛關係，就會覺得既然雙方的關係已經確定，以後就是卿卿我我、如膠似漆的日子了。至於如何約會，掌握什麼樣的約會規則，這些主動權都在男人的手裡跟自己沒有關係。實際上，這樣可就大錯特錯了，如果一個女人連起碼的約會規則都不懂，即便馬上就要成為對方的未婚妻，也還有可能被淘汰出局。

因此，我們建議，作為女人，如果不想為了愛情牽腸掛肚、魂斷神傷、流淚不止和自虐自毀，溫習約會的規則不僅必要，而且必需。

那麼，女人應該掌握哪些約會規則呢？以下是編者提供的一些意見：

時間規則

一定要嚴格遵守約定時間。一般來說，女士可以稍微遲到一點，但遲到最多不要超過 5 分鐘，並且要道歉，說明原因。有些女性喜歡故意遲到，一定要男方先到才感覺有面子。如果每次約會都這樣，會降低妳在對方心目中的形象。

選擇什麼時間約會並不重要，重要的是雙方一定要事先商量好，不要在時間上單方面強調自己的要求，要考慮到對方的工作、生活時間安排。這是尊重對方的表現。

如果是晚上約會，一定不要把時間拖得太晚，剛開始約會時，晚上一般以不超過 10 點鐘為宜。這樣會讓人覺得妳是自尊、自重、自愛的女孩，也值得被人愛。

地點規則

情侶出去約會，熟人較少的公共場所比較適宜，如劇院、咖啡廳、公園、保齡球館等場所，氣氛比較活躍，又相對獨立，比較適合約會。

選擇地點：自己常去的地方，輕鬆愉快、便於等候（有明顯的標誌物）的地點，交通方便的地方。

選擇的地點要有特色，普通的場所不能營造有利的談話氣氛。如果已經多次約會，還要注意不要選擇已去過的地方，除非對方對那個地方情有獨鍾。

頭幾次約會還要注意選擇相對清靜的地方，這有利於相互談話、交流，而不受噪音的影響。

在初期約會尚未確定關係前，女方不能輕率地答應男方到她家，如果男士提出來最好婉拒，以防對方居心叵測。同時，女士更不能邀請男方去自己單獨居住的住所，以免對方誤解為妳有所暗示，而採取大膽行動。

活動規則

交談互動是約會的主要目的，但達到這一目的的方式各式各樣，因此安排好約會的內容至關重要，在豐富多彩、趣味橫生的活動中達到了解對方的目的。

活動內容可以有多種選擇，不妨根據雙方的情況而定。

◆ **郊遊**：是很浪漫、充滿情調的約會，雙雙投入到大自然中，在自然風光中陶醉，最易生情。

◆ **電影院或音樂廳**：不受天氣、氣候影響。雙方還可以透過看電影、戲劇、舞蹈、聽音樂來了解對方的性情、對人生的一些觀點，可以在輕鬆愉悅中度過美好時光。

◆ **體育活動**：觀看體育比賽特別是足球，可以讓人充分地宣洩自己的情緒，借此可以窺探對方性格特點，是深沉、穩重還是外向直接；是細膩多情還是粗獷暴躁，都會有所顯露。另外，還可以兩人一起去打打保齡球、網球、高爾夫球，溜冰、滑冰、游泳等，提高約會情趣。

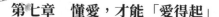

- ◆ **唱歌跳舞**：到卡拉 OK 唱唱歌、跳跳舞，既可顯露自己能歌善舞的特長，又有共舞增進親近感的機會。
- ◆ **找點有童趣的活動**：比如，到動物園去逛逛，在大雪天裡堆堆雪人、打打雪仗，這些帶有童趣的活動，可以讓雙方無拘無束地開懷大笑、蹦蹦跳跳，顯露平時掩飾下的天性。
- ◆ **參加一方朋友的聚會**：在徵得對方同意的前提下，可以帶他參加自己與朋友的聚會，既可以讓他了解妳的交友狀況和處世態度，又可以拉近妳與他的距離，因為他能參加妳與朋友的聚會，就說明他與妳又走近了一步。

▎愛他，請營造一點神祕感

　　俗話說，男人來自火星，女人來自金星。女人若想長久地吸引男人，既不靠驚人的美貌，也不靠溫順的性格和不凡的才氣，而是一種特殊的味道，一種不一樣的氣質，一種與眾不同的交際手腕。這就叫做神祕感。人如果沒有了神祕感，也就沒有了魅力。保持神祕感，增加吸引力。神祕感之所以有吸引力，就因為給對方留下了想像和創造的空間。

　　男人更喜歡神祕的女人，一個時而性感溫柔，時而如修女般冷漠的女人具有令男人無法抗拒的魔力。男人的這種心理據說源於原始社會的狩獵習慣。在原始社會，男人以狩獵為生，從未知的叢林裡捕獲到獵物可以給男人帶來極大的興奮。後來這種對狩獵帶來的興奮的追求，便透過遺傳基因傳遞到後代，於是男人們天生便有了強烈的好奇心和征服欲望。

　　女人的魅力往往來自神祕感，但是天生的神祕感不過是藏寶箱，很可能經過探究之後就沒什麼稀罕了，聰明女人會懂得在神祕裡增加心機，適時轉換不同風貌，讓男人難以破解又著迷不已。在男人眼裡，這類女人莫

名其妙而充滿誘惑力，其誘惑力恰恰在於她們的莫名其妙，難以駕馭。為了滿足自己的好奇心，男人們會樂此不疲地去探索和發現神祕女人的祕密。而且，在男人眼裡，具有神祕感的女人難以駕馭，更富有挑戰性。男人為了最終能征服和陪伴她們，赴湯蹈火也在所不惜。在這過程中不僅不會覺得辛苦，反而會覺得其樂無窮。有時離開了她們，還會不自覺地想她們，想她們那些不可理解又令人著迷的行為。

在戀愛和婚姻中，女人的神祕感好比一件性感的內衣，會讓男人浮想聯翩。因為妳的神祕感就等於把自己包裹成了一個謎團，一個有待男人去探尋的謎，面對謎一樣的女人，男人總會猜想她此刻在想什麼，下一刻會做什麼；這個女人不在的時候，他又會猜測她此刻在哪裡，又在做些什麼。請記住，男人很多時候都像一個好奇心十足的孩子，對猜謎、揭祕那些事樂此不疲。女人越是神祕，男人就越是對妳著迷，穿著一層薄紗的女人，一定比全裸的女人更具誘惑力。充滿神祕色彩的內心世界，將會是男人熱衷追逐的目標。

神祕感是女人的武器，也是她們的魅力所在，聰明的女人要好好使用這種武器。一代名伶林徽因絕代風華、才貌雙絕，大詩人徐志摩為了她決意離婚；大學者金岳霖為了她終身不娶；害得梁啟超的兒子梁思成娶她的那晚誠惶誠恐，問她為什麼單單選擇了他，林徽因嫣然一笑，回答巧妙而深邃：「我會用一生的時間來告訴妳。」這種深藏不露的表達就像一個謎，讓這位建築學大才子後半生都在鑽研、求索。

風靡全美的暢銷書《壞女人有人娶》一書中總結到，女人在男人面前保持魅力的祕訣就是：只給一點，即刻收回；再給一點，再收回。這就有點像小孩子們在學校玩的追人遊戲，妳就是那個被追的，如果妳老是配合他，他就懶得追妳了，如果妳總在跑，他總跟著妳。即使妳們結了婚了，

每當他對妳不來電時，就若想方設法給他的電池充足電。有一部美劇，一個結婚二十年都很幸福的女人對付丈夫有一絕招，每當他有點自鳴得意、漠不關心時，她就獨自收拾行裝去旅行，臨走時總會扔下一句讓丈夫回味良久的話：「親愛的，我要走了。至於為什麼，呵呵，這是我的祕密！」

愛情的更新需要人為的努力，夫妻雙方更需要保持神祕感。雖然戀愛過程，是一個相互了解的過程，能彼此認識、了解，應該是值得慶幸的。但是，了解得過於透澈，甚至一些不需了解的也知道了，使彼此的神祕感消失，則對愛情沒有好處。每一個男女都應該有個人的世界，應該有自己一方神祕的、不為任何人所知的天地。因此，戀人間若要互相保持吸引力，則首先要彼此保持一種神祕感。這種神祕感不是固定不變的，其內容要一邊被對方所探究、發現，變成不神祕的東西，一邊又被新的內容所充實、替換。所以，在戀愛過程中，除了加強自身的各方面修養外，還要注意不要過快、過於充分地將自己全部暴露，要學會「細水長流」。

「撒嬌」是女人最佳的武器

很多女人一直在研究如何搞定男人，其實大可不必花費時間和精力。要搞定男人很容易，因為 99% 的男人都喜歡會撒嬌的女人。雖然說男子漢大丈夫寧願流血不流淚，但男人卻可以為女人的「撒嬌」而折腰。撒嬌是女人的殺手鐧，比「倚天劍」還要鋒利，一出手就會擊中男人的死穴，再堅強勇敢的男人在女人的嬌聲嗲氣中都會手足無措。會撒嬌的女人比那些靦腆內向、自視清高的女孩子更能打動男人的心，也深得周圍人的喜愛。心理專家說：「會撒嬌的女人最幸福，撒嬌是一種智慧，撒嬌是女人抓住愛情的最佳武器。」

阿嬌是一個很惹人喜愛的女子。在和她的男朋友愛得死去活來後走進

了婚姻。可是婚姻的瑣碎超乎了她的想像和承受能力。一來二去，心力交瘁。於是不斷地爭吵後，決定離婚。

收拾好行李的那天晚上，兩人心平氣和的交談了一次。最後，男人說，晚了，妳快去睡吧！阿嬌抱著膝說，嗯，不嘛，我不去。男人看著阿嬌憔悴的臉上那似曾相識的嬌嗔，眼眶一下子濕了。阿嬌問他怎麼了。男人說，妳知道嗎？妳剛才向我撒嬌了，妳已經好久沒有這樣撒嬌了，真懷念妳以前撒嬌時那溫柔可愛的樣子。阿嬌聽了，呆住了。她想，是啊，是從什麼時候起，我用責罵、抱怨，代替了撒嬌呢？就這樣，女人一個無意識的撒嬌，挽救了一個死水般的婚姻，點燃了男人心中快要熄滅的愛火。沒有溝通、平等和尊重，就不能讓愛保鮮。只有愛回來了，嬌也就自然而然地撒起來了。

假如有這樣兩個女孩子：一個很漂亮但面無表情，不苟言笑；另一個相貌平平但笑口常開，溫柔嬌氣。如果讓男人來選擇，聰明的男人都會選擇後者。其實道理很簡單，因為男人最懂得感情的重要性，再成熟的男人都需要關愛與照顧，天生就有對母性的依賴性。所以男人最好哄、也好騙，只要女人對他多關心一點多溫柔一些，像幼稚園的阿姨對待小朋友一樣哄著玩，他就會乖乖地主動把心肝掏出來。

撒嬌是人與人之間的一種柔和的情愫。如花似玉而款款柔情的女人，最深諳撒嬌之道，所以才顯得風情萬種，楚楚動人。撒嬌是真女人的自然魅力，也是女人味的展現。每個人都有撒嬌的心理需求。這是一種親密的表達，是一種示弱的表達方式。能夠激起對方的疼愛。撒嬌是一種智慧。能夠讓大家來主動關愛妳，激起異性的同情心。總之，撒嬌不僅使女人更可愛，而且還易化解生活中的矛盾，是軟化矛盾的「原子彈」，無堅不摧，戰無不勝。

　　當女性對老公撒嬌時，會讓老公有被需要和被在乎的感覺。在一般情況下，男人都喜歡一回到家就看到一個這樣小鳥依人的小女人，男人是捨不得罵一句也不忍心違她心意的。會撒嬌的女人最懂得欣賞和誇獎老公的能力，也可以造就出一個自信而成功的男人，老公也會為了他更加賣力。會撒嬌的女人讓老公開心，也讓自己感受到無比幸福。在公眾場合對老公表現得溫柔賢惠，百依百順，不僅給足了老公面子，也引來眾多羨慕和嫉妒。會撒嬌的女人多半都很會體貼男人，當老公勞累了一天回到家中，妻子一見到就溫馨地撒嬌道：「老公，你回來啦，想死你了，來，抱抱……」接著端茶倒水，然後把一雙小巧的手搭在男人肩膀上，再來一個香噴噴的吻……妻子這樣撒嬌，恐怕沒一個男人願意拒絕，相反的，男人再累也覺得甜。

　　有些結婚多年的女人總是怪老公對自己沒有婚前那麼好，還時時提心吊膽怕自己的老公被「狐狸精」迷走。但仔細一想，那些「狐狸精」並不比自己長得漂亮，她的迷人招數充其量也就是會撒嬌。

　　撒嬌是女人的一種魅力，撒嬌是一種享受，是另一種對生活的理解。它可以使女人永保青春，它可以使男人經常洗滌心靈上的塵埃，在童話世界裡時時校正被生活扭曲的靈魂，享受幸福，感受真實。

　　當然，現實生活中愛撒嬌的女人很多，但會撒嬌的女人卻很少。如果對男人尖酸刻薄、故弄玄虛、小題大做、搬弄是非，這種「嬌」一「撒」出來，就會令男人生厭，不但得不到男人的寵愛，反而會讓男人敬而遠之。女人們撒嬌一定要「撒」的好，要撒出品位、撒出溫柔、撒出浪漫。如果撒嬌「撒」不好，就會變成撒野，那可就不妙了，因為沒一個男人喜歡撒野的女人。

　　此外，女人們還要注意，也不是隨便在什麼人面前都可以撒嬌。女人只能在愛她的男人面前撒嬌，而女人撒嬌也證明了她愛這個男人。

別讓「心軟」傷害自己

「妳總是心太軟，心太軟，獨自一個人流淚到天亮。妳無怨無悔的愛著那個人，我知道妳根本沒那麼堅強，妳總是心太軟，心太軟，把所有問題都自己扛⋯⋯」任賢齊的那首《妳總是心太軟》唱盡了大多數女人的心聲。

有人說：「一千個女孩中，有九百九十個在愛情中『心太軟』。」事實也是如此，或許妳看到過很多女強人，她可以率領千軍萬馬度過公司的經濟危機，或可以在菜市場指著鼻子罵不小心撞到她又沒說抱歉的人，可是對自己愛過的男人，總是心太軟。

其實，心軟對於女人來說是一種不公平的善良，是一種沒有原則的軟弱。有很多女人就是因為善良，讓自己無辜受了傷害。

依萍是個漂亮的女生，喜歡她的男人不少。最近有一個已婚的「鑽石總裁」看上了依萍，要求跟她交往。依萍固然嚮往有錢人的生活，但因為對方已經結婚，覺得兩個人不可能在一起，所以不想和他交往。

可是，那個男人哪肯善罷甘休，他兩天一束玫瑰，三天一套名牌衣服、漂亮首飾往依萍的手裡送，依萍不想理他，但他居然找上門來了。喝得醉醺醺的，又哭又鬧，還一直按門鈴，吵得左鄰右舍非常生氣，依萍很難堪，只好讓他進屋。想當然，那男人進了屋就不想走了。

依萍沒有辦法，在他的再三哀求下答應讓他住一個晚上。那個晚上雖然什麼事情都沒有發生，但依萍想想還是心有餘悸，如果這樣的戲再來一次，依萍真的怕沒有辦法保護自己。

依萍的朋友勸她：對人家沒有意思，就不要對人家心軟，他就是利用了妳心軟所以才得寸進尺的。拒絕他，當機立斷地告訴他，如果再纏著自己就直接打電話找警察。

可是，對於朋友的建議，依萍還是猶豫了，因為她覺得事情還沒有發展到那種程度，況且人家是好心喜歡自己。

原來在依萍的觀念裡，被人喜歡是需要感激的。因為感激那個男人好心喜歡自己，加上自己心軟，所以不能強硬拒絕。依萍的想法讓她的朋友欷歔不已。

其實，女人之所以無法當機立斷地拒絕男人，一方面是因為心軟，另外一方面可能也有自己的心理需要。比如依萍，那個男人的追求，讓她滿足了自己的虛榮心，畢竟被愛是一種幸福的感覺；還有一些女人，因為對方是舊愛，兩個人曾經擁有過美好的回憶，所以不忍心拒絕等。芝燕就是這樣的女人：

芝燕和她的男朋友分手了，她傷心欲絕，因為戀愛了 3 年的男友居然跟公司的一名女同事曖昧。起初，前男友總是對芝燕遮遮掩掩的，後來終於被芝燕發現了。當芝燕質問前男友時，他也只好承認了，並發誓要改正。芝燕原諒了他，並且真心希望他和女同事斷了來往。但是事與願違，前男友不僅沒有悔改，反而是破罐子破摔了，一點也不顧及芝燕的感受，和女同事的關係也越來越親密了。當芝燕和他哭鬧時，他提出了分手。芝燕對這份愛情絕望了，只好和他分手。

就在芝燕分手兩個月之後，前男友竟然又打來電話說想和她復合。芝燕很惱火，不理睬他，但他竟然找上門來對芝燕哭訴。他說自己上了女同事的當，女同事是因為工作上的關係才誘惑他的。他覺得自己很對不起芝燕，心疼芝燕一個人無法照顧自己。還說懷念自己跟芝燕一起過的美好時光，只要芝燕給自己機會，自己一定會改過自新，一心一意對待芝燕。芝燕一時心軟，竟然稀里糊塗地接受了他。

芝燕本來以為這次男友就應該好好珍惜他們之間的感情了，可是沒過

多久，他的壞毛病就又犯了，甚至讓別的女人懷上了小孩。芝燕徹底崩潰了，她被這一連串的事情攪得再也無法安心工作。

女人們可能並不知道，很多時候，對別人心軟就是對自己殘忍。耗了許多時光，走一條既泥濘又沒盡頭的路，讓一個男人將自己傷害了一遍又一遍。由於心太軟，明明直覺上知道不應該再堅持下去，卻捨不得曾經的那份感情，丟不下對方那份無微不至的關心，於是讓他的愛變成毒液，腐蝕自己對生命的耐心。他一錯再錯，一再借各種方式施展他的控制慾，妳都會幫他以各種理由合理化，直到有一天，忍無可忍，變成只要看見這個人，妳就想逃走；只要他在妳身邊，妳的胸口就被烏雲籠罩。可是他不願走，他習慣以虐待妳為樂，或根本就誤以為妳也快樂。這一切，只因妳不忍心拒絕他。而他對妳的傷害重複又重複，從來沒有考慮妳自己的真正感覺，恣意揮霍妳對他的縱容。到頭來妳能得到什麼呢？

所以，作為女人，千萬不要因為心軟給自己帶來不必要的傷害。

不要對「愛」誓不罷休

「問世間情為何物，直教人生死相許！」金庸大俠在他的小說《神鵰俠侶》中，渲染了楊過和小龍女這一對痴男怨女之間感人肺腑的愛情故事，這句經典的愛情名言也感動了無數的少男少女。這種愛情不是尋常夫妻之間的噓寒問暖，不是平淡生活裡的細水長流，而是驚濤駭浪般的曲折，是望夫石般的堅韌和執著，些許還夾雜著一些絕望和痛苦……這樣的愛情是可歌可泣的，望夫石的故事也流傳了千百年。

可是，妳有沒有問過，那個將自己等成了望夫石的女子，她真的幸福了嗎？女人的忠貞和痴情到底打動了誰呢？

一些在感情上執迷不悟的女人，就像面臨一個自掘的深淵，儘管裡面

第七章　懂愛，才能「愛得起」

充滿了灰暗和痛苦，她還是要往裡面鑽。最終，愛人沒有回頭，而她卻把自己等成了一個憔悴的女人，將自己的大好青春變成一片荒蕪。

安徒生的童話《小美人魚》被奉為愛情的「聖經」。這是一個淒婉的愛情故事。

小美人魚是海王最小的女兒，也是最美麗的女兒。在她 15 歲時，她得到允許可以露出海面看看外面的世界。一天，當她露出海面玩耍時，無意中遇到了一艘船隻觸礁沉沒，她救起了落入大海的王子，並對他一見傾心。但她卻因不屬於陸地只得離開他。當王子醒來時，看到的是另一位年輕女生，他以為這個年輕女生是他的恩人。

小美人魚愛上了王子，也愛上了人類。她傾聽祖母講述人類那不朽的靈魂後，跑到可怕的海底女巫那裡，以自己最寶貴的美妙嗓音換來毒藥，喝下去後，就再也不是人魚，回不到海底……她的魚尾變成能輕快地跳舞的雙腿，但每走一步卻疼痛鑽心。王子發現小美人魚有世界上最好的心，但無法忘記他那另一位「救命恩人」。小美人魚失去聲音，使真相永沉海底。

鄰國美麗的公主是王子必須結婚的對象。午夜，船上的聚會氣氛歡樂，婚禮即將舉行。但清晨的第一束陽光將使小美人魚死亡。此刻，人魚姐姐們帶來她們用美麗長髮換來的女巫的剪刀和消息，「只要用刀刺中王子的心，就可以重新擁有魚尾回到海底。」小美人魚卻把刀拋入浪花裡。她失去了生命，化成泡沫，飛入空中。

小美人魚為了愛人，付出了自己的生命。她每天忍受著雙腳在刀子上行走的痛苦，她每天思唸著愛人的痛苦，別人卻一點也不知道。這樣唯美的愛情也許只能出現在童話裡面。即使妳對愛情忠貞似海，但這樣的愛只是妳一個人的愛，妳的愛人甚至不知道妳為他所付出的一切。我想每個人

都不會有那麼多的青春來讓妳浪費。一段沒有結果的愛情，愛上一個不該愛的人，就如同去攀爬一個妳不該攀爬的懸崖一樣，隨時都有粉身碎骨的可能。正像亦舒曾說過，「所有的痴戀都一樣，當事人覺得偉大，旁觀者只認為傻氣。」

周慧和男友是在學校的辯論賽上認識的。他作為商學院的代表，在場上和她針鋒相對。幾輪激烈的論辯中，周慧的出色表現讓他分外關注，他們敵對的情緒中包含著欣賞。賽場上他們正視對方時，眼神中多了一些東西。最後，周慧所在的一方贏了，他卻得了最佳辯論獎。他們一起上臺領獎，他就站在周慧的旁邊。周慧能感覺到他溫柔的眼神，但是不敢看他，心情比比賽時更緊張，以致下臺時險些摔倒。他扶住了她。愛情故事就這樣開始，卻不曾想到分手來得也快。

和他在一起的日子，周慧真的很幸福，像被寵的孩子。她生病的日子，他天天守在宿舍樓下，拜託室友帶藥和好吃的東西給周慧，室友們的羨慕讓她多了一份幸福感。她有點任性，不夠溫柔。他想看球賽，她硬拉著他看電影；他想去踢球，她耍小姐脾氣讓他陪著逛街……這是她喜歡他的方式，卻不是他喜歡的方式。所以，他們分手了。

分手那天，他坐在周慧的對面，表情異常平靜，眼神不再溫柔：「算了，我還是直說吧！我們分手吧！」他說：「我知道這對妳來說太突然，但我想了很久。對不起，我也不想這樣。我愛過妳，但是和妳在一起的時候，我不是真的開心。為了遷就妳，我不得不放棄我喜歡做的事。或許，我們性格不合吧！」

整整一週，周慧都在失眠。她拚命告訴自己：只不過失去了一個不愛自己的人，但是關於他的記憶揮之不去。她總是習慣性地去他們常去的教室，看見身邊情侶親密時，忍不住流淚，一個人的晚餐充滿了孤單。她不

斷反省自己：是我做得不好。我習慣於索取，我只在乎自己的感受。我覺得自己是女生，理所當然地要受到呵護。我和他的交流僅限於辯論，為了說服他接受我的觀點，尊重我的習慣和愛好，我像個驕傲的公主，充分發揮了辯論場上的強勢。然而，愛情不是辯論賽，我想不起自己為他做過什麼了……

　　為了挽回愛情，周慧決定改變自己，她找到了那個男孩子，告訴他自己的想法，問他是不是自己改變了，妥協了，他就肯回到自己的身邊。

　　男生面無表情地回答：「別傻了，有些愛消失了就不會回來！」

　　一句「別傻了」把周慧從一廂情願的幻想中驚醒了過來，她終於明白了，一個人愛妳的時候，他無法裝出不愛妳；但當他不愛妳的時候，他也無法裝出愛妳。對妳，他的感情都是無法偽裝的。愛是不能要求和強迫的，妳更無法向他證明妳有多優秀，多麼適合他，因為這種感覺是他自己的。既然他不適合妳，妳也該走開了。不願意放手對任何人都沒有好處。

　　周慧徹底想開了。她把這段過去的經歷拋開，專心忙碌於眼前的生活、大大小小的活動，凡是有興趣的她盡量去參加，期間得到了許多鍛鍊，也收獲了許多令人羨慕的榮譽。她重新灑脫起來。

　　也許我們在年少的時候都犯過這樣美麗的錯誤。愛上一個人，於是就在他每天經過的路口守候他，哪怕他不看妳一眼；曾經愛過的人離開了我們，我們很長時間都走不出他的陰影，會經常地撥那個熟悉的電話，電話通了卻又匆忙掛掉……其實，愛情是種緣分，隨緣就好，太過強求的東西總沒有好的結果。對於那些不屬於自己的愛情，或是已經走遠了的愛情，不妨就讓它走遠吧，將這份感情的記憶留在心底。或許在妳驀然回首的時候，就會發現有人正在燈火闌珊處守候著妳。

▌失戀其實也是一種成長

二十歲的女孩天真爛漫，在享受甜蜜的愛情時，總想把它變成永恆。可是事情又往往沒有那麼順利，曾經深愛過自己的人也會離開自己，於是她傷心，絕望，感覺世界上的一切都失去了色彩。「失戀」是女人最不喜歡的字眼之一。不論是人家讓她失戀還是她讓人家失戀，不論之前愛得多麼轟轟烈烈，一段戀愛關係的斷絕，在女人的心裡，總有它說不出來的痛。

每段失敗的感情，都必然有著失敗的原因。接受失敗也是在感情路上排除了一種不幸福的可能，從而多了一份選擇到真愛的可能。如果妳能面對自己的內心揪出其原因，則是間接地為自己的幸福加分。

失戀後，妳悲痛，妳放不下，其實妳無法放下只是習慣，跟愛無關；無法忘記不等於還有愛，那只是慣性，甚至是惰性，因為妳害怕孤獨，害怕自由，獨立不起來。於是，有人因失戀而迷茫，有人因失戀而墮落，有人因失戀而自虐，也有人因失戀而蛻變。

寧雪和男友相戀了兩年，他們的愛情是幸福甜蜜的，可是男友最終卻因為一個富家千金向他獻殷勤而選擇了和寧雪分手。分手的那天，是一個下雪的冬天，寧雪面對著男友離去的背影，在雪地裡痛哭起來。她恨這個虛偽的男人，恨這段原本美好的戀情變得那麼骯髒。他違背了他的承諾，他變成了一個薄情寡義的男人。

那一年，寧雪才 20 歲。20 歲的她第一次嘗到了失戀的滋味，那個晚上她靜靜地流淚到天明。在整個漫長的青春期，寧雪一邊療傷一邊成長，直到自己慢慢地從傷痛中平復，從眷戀中走出。在以後的歲月裡，她學會了面對自己的內心，以一顆平靜的內心來面對生活中的悲歡離合。現在的她，不僅熱情浪漫，而且更加美麗了。

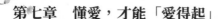

失戀是一種心境，剛開始的時候是悲痛的，之後便是寂靜和落寞。只有在這樣的落寞之後，妳才能更加清晰地看清自己的內心。失戀了，無非是不愛了，我們要學會積蓄自己的正面能量，好更用心地面對以後的人生。很多藝術家在失戀後反而激發出自己的創作才華：貝多芬在失戀後創作了《給愛麗絲》，歌德在失戀後創作了《少年維特的煩惱》，羅曼‧羅蘭算是最大度的一位，失戀後與已作他人婦的心愛戀人做了 30 年朋友，自己則終身未娶……

然而很多女孩子因為失戀而迷失著自己。她痛恨他，所以她愚蠢地用傷害自己來報復他；為了忘記傷痛，她去找自己不愛的男孩子戀愛；她不願意再做乖乖女，她將自己打扮成小太妹的模樣……將青春演繹得如此慘烈，總有一天會後悔的。真正的愛從來都是美好的，失戀了就放手吧，過多地將精力糾纏在別人身上，無限制地放任自己，放任自己去流淚、去哭泣，去傷感、去自虐，卻唯獨不為自己著想一下，浪費了這麼多的生命和時光，妳輸得起嗎？一個成熟的女子很快就能從失戀的陰影中走出來，因為她知道她輸不起，所以她能夠果斷地讓自己放下悲傷，畢竟人生還有很長的路要走。

當愛情走遠時，該放下就得放下。作家及情感治療師說：「戀愛的意義，本來就是讓自己從過程中反映自己的真面目，看清楚自己的內外，放下自我，享受和另一個人水乳交融的喜樂，讓生命更有意思。」別找藉口不肯放下！從自愛開始重整這段關係，從執著中看清自己的盲點，從而成長，才算找到愛的大門。

從失戀中得到成長，妳就會對人生、對愛情多一份感悟。就像日本電影《現在，只想愛你》裡面的女主角，選擇了愛情就選擇了成長。因為受傷的愛情，她一個人來到紐約打拼，積極樂觀地生活著，最終成了一個美

麗優秀的女孩，還成功地舉辦了自己的攝影展。她的蛻變，令人感動，令人欣喜。

失戀後，與其沉浸在昨日的傷痛裡，不如打起精神，瀟灑地揮別過去，明天又是嶄新的一天。這個世界上既沒有相逢恨晚，也沒有相逢太早，世上有的，仍是愛。祝福那些失戀後美麗蛻變的女子。

愛情走了，讓自己華麗地轉身

失戀，對於任何人來說都是一杯難嚥的苦酒，會在靈魂深處烙上深深的傷痕，有時，這種不可言喻的心理隱痛會一直伴隨著自己整個生命的旅程。人畢竟是情感的動物，而愛情又是那麼的令人心醉神迷，因而，當這種純厚、聖潔的情感幻滅時給人所帶來的無疑是巨大的靈魂深處的痛苦。

失戀是愛情的悲劇，大多數失戀者都能理智地看待並接受這一現實。但是，很多女孩子把愛情看得太重，分手後，她們長時間無法調整自己的情緒，甚至做出很多荒唐的事情。

琇梅是個漂亮的女生，她自我感覺很好，很驕傲，一般的男生都不在她的眼裡。大學兩年過去了，雖然追求她的男孩子個個鍥而不捨，對她畢恭畢敬，她卻從未動心過。直到有一天，邂逅了一位男生，她被他的才情打動了，答應與他交往。

剛開始男生非常愛她，對她百依百順。可是，琇梅太任性了，什麼時候都是自己說了算。男生覺得非常疲倦，不過半年時間，男孩子就提出了分手，說了解她以後，再也找不到愛她的感覺和理由了。琇梅的心理崩潰了，她痛哭並苦苦哀求，不再有往日的高傲。然而，男友還是走了。

從此，女孩的生活完全改變了，沒有了激情和鬥志，沒有了理想和追求，但她沒有反省自己，也沒有理智地分析自身性格的缺陷，只是一味地

消沉，內心充斥的是強烈的失敗感。同時，她又不能忘懷從前，對周圍的人和事都不感興趣，認為自己不會再愛上別人，學習成績也一落千丈，整日恍恍惚惚，沒有頭緒，不知該怎樣生活。

琇梅的例子算是比較極端，她原本自我感覺良好，卻在愛情的路上重重跌了一跤，這讓她覺得很失敗。強烈的失敗感不但影響了琇梅的愛情觀，更影響了她對自我的認識。這對琇梅來說，才是最大的傷害。

其實，失戀的痛苦是不可避免的，女人們要做的不是對那死去的愛情糾纏不休，不肯放手。正所謂，深淵無底，餘恨綿綿無絕期。痛苦與憤怒只是女人傷害自己的一種方式。

當一個女人打算對那段已經失去的愛情糾纏不休時，就已經把自己的尊嚴放在別人的腳底下了，別人去踩，妳就會憤怒，於是糾纏升級。別人不踩，妳又覺得沒趣，糾纏得更加肆無忌憚。妳越是不死心，不放棄，越是挽留，越是糾纏。只會讓對方看輕妳，讓他走得更快更遠。這樣就把自己從絕望推入了萬劫不復的地獄。本來妳可能是受了委屈值得同情，但是糾纏下去的結果卻是妳把自己弄得面目可憎。要知道，即使生活奪走了屬於我們的一切，只要我們還能有尊嚴地好好活著，那麼希望就永不磨滅。

糾纏，就是和自己過不去，至於妳糾纏的那個人，也未必會像妳想像中的那麼難受。也許人家早已經開始了幸福的新生活，如此就更不會把妳當回事了。有些事情的結果注定已經不能改變，說服自己接受不能改變的事實，才是對自己最負責任的一種生活態度。也許妳會很痛，也許妳會很苦，也許妳已經咬碎了牙關，但請妳相信，一切總是會過去的。這也不是忍，而是放下。我能理解，事情發生後，痛苦襲來時，我們不一定都能做到多麼高尚，那就先別想著對別人寬容與慈悲，我們最起碼要先放過自己。

　　「問世間情為何物，直叫人生死相許」，但這也是要兩個人相許才能達到的境界，不是妳一個人的死纏爛打。如果有什麼事情還能夠挽留的話，用的也是愛的慧根，而不是瘋狂的追趕。離開可以無言，轉身可以優雅，原諒可以微笑，傷口可以無痕，愛情裡也可以鬥智鬥勇，再強大的敵人都能夠在談笑間灰飛煙滅。親愛的，我們都有一雙隱形的翅膀，遠處，有愛的呼喚。

　　不要糾纏，無論發生了什麼事情，面對什麼樣的人，我們都要擁有可以放手一切的胸襟與坦然。如果他真的要走，那就讓他走吧！！乾淨俐落的走，笑著讓他走，即使心裡已經哭成了海，也不要去糾纏、挽留。不糾纏，不證明妳不愛，不證明妳沒受傷。不糾纏，是為了留住自己的尊嚴，更好地做自己。

　　葉子的離開，不是風的追求，也不是樹的不挽留。它只是在季節的更替裡，做了最早的放手，來年好在枝頭綻放成第一抹新綠，去親吻生命裡的又一個春天。而妳要做的，也不過是在春天裡給自己一個華麗的轉身。這種姿態更美！

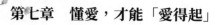

第七章　懂愛，才能「愛得起」

第八章
美滿的婚姻是女人最大的成功

  作為一個女人，想擁有的東西有很多，比如，美麗的容顏，智慧的頭腦，甜蜜的愛情，成功的事業，美滿的婚姻。相較於其他幾個方面而言，婚姻的美滿對於女人來說尤其重要。

  美滿的婚姻是女人一生的幸福所在。有了美滿的婚姻，女人的情感有處依託，女人的生活有了動力，女人對事業更多了信心。

  聰明的女人要珍惜自己的婚姻，好好經營自己的婚姻。因為，美滿的婚姻才是女人一生最大的成功。

▎別為了「嫁」把自己隨意嫁了

　　大多數女人都會在 25 歲左右開始考慮自己的婚姻大事，因為 25 ～ 30 歲是結婚的旺季，處在這一年齡段的女人還有一定的擇偶優勢，自然沒有那麼著急，也不必過於擔心自己可能嫁不出去。然而，一旦過了 30 歲，如果她們依然「遇人不淑」或者「未遇賢人」，情況可能就有些不同了。首先，年齡上的弱勢讓她們產生危機感，心理上的無依與孤獨感促使她們也錯誤地認同了「結婚能夠改變孤獨現狀的觀點」，加上父母無數次的談心、同事懷疑的眼神、親戚不斷介紹對象……大齡而又未嫁的女人們開始對自己妥協了：都說結婚是一種任務，為了完成任務，不如找個人湊合湊合吧！當然，這種湊合的最終結果可能是帶來人生更大的不幸。

　　葉寧今年剛好 30 歲，她原本計劃在 30 歲的時候結婚。可是，如今她已經 30 歲了，卻連個男朋友都沒有。難道就真的這樣孤獨終老嗎？葉寧變得越來越沒有底氣了。跟同事們說話時眼神也躲躲閃閃的，總覺得別人都在背後議論她。

　　葉寧談過戀愛，兩次失敗的戀愛經歷，讓她跟愛情絕了緣。

　　如今若不是到了不得不談婚論嫁了，她可能一輩子都不會去考慮男人。

　　出於「年齡」和家庭的壓力，出於完成任務的需要，葉寧在父母的安排下匆匆忙忙結了婚。對方當然不是她喜歡的男人，這下剛邁進婚姻的圍城，葉寧就得開始突圍了。因為，她發現，跟一個自己全然陌生，連喜歡都說不上的男人結婚，真是會讓人窒息。

　　就這樣，葉寧從一個大齡剩女變成了一個離婚女人。這不能不說是一個悲劇。

　　生活中，類似的悲劇還在不斷上演著，很多女人就像葉寧一般，老是像完成任務似的將自己往前趕，還沒弄明白自己究竟需要的是什麼，就把

自己隨便塞給一個男人。最終，給自己帶來的是更大的錯誤和遺憾。

實際上，一個聰明的女人，不會因為到了結婚的年齡就不管自己愛不愛的迫不及待地找個人把自己嫁出去。她會把自己的心態放正，在沒有遇到真正可以結婚的對象時，她會把完善自身當作自己的任務，因此，她們的心情也會更愉悅一些。她們認為婚姻其實是一種緣分，因此，她們會用隨緣的心態看待結婚這種事情。

當然，對她們來說，隨緣不是說不努力，也不是說放棄。所以，她們會積極參加各種活動，如各種聚會、聯誼會等，透過人際間的交流拓寬自己的交際圈，物色自己可能喜歡的對象。她們也會把相親當作可行並直接的方式，她們認為相親也有可能遇到「看對眼」的人。因為心態正確，懂得自己掌握自己的人生幸福，所以她們往往能夠收獲到自己的幸福人生。雅麗就是這樣的一個聰明女人。

雅麗 31 歲的時候，依然未婚，她的家人和親戚都著急的不得了。幾乎所有的人都對她說：「不要挑了，這麼多年了，只要人好就行。」她對此很反感，自己嫁不嫁人和他們有什麼關係。雖然知道他們是為自己著急，但再急也不能湊合啊！難道嫁不出去是一種錯誤嗎？再說，什麼叫「人好就行」呢？不吵架、能養活自己就算人好了嗎？要知道世界上 90% 的男人符合這個標準，難道都適合做老公嗎？女人為什麼要湊合結婚，同床異夢，為什麼不能為了尋找真愛，繼續等待。每個人都有幸福的權利，難道我沒有。

當然，雅麗並不抱怨，因為除了沒有結婚，其實自己的生活還是很不錯的。有高薪職位，有房有車，這種生活是自己爭取來的，她對此感到滿足。所以她下定決心自己無論如何也要找一個合適的對象。如果找不到，寧缺毋濫。因為她要對自己的人生負責。

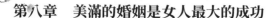

第八章　美滿的婚姻是女人最大的成功

　　為了尋找到那個合適的對象，雅麗調整好自己的心情，答應父母安排的相親活動，也經常泡在朋友圈中，她對自己說，我要為自己贏取幸福人生的機會，同時，我也要給別人一個機會。

　　雅麗是在一個朋友聚會上認識她現在的先生的。雅麗的先生跟雅麗同齡，那時他剛博士畢業，一個把自己的青春都奉獻給了學校的大男生，很穩重，很儒雅，不愛說話，但總在別人說話的時候微笑。雅麗就這樣看上了他並主動出擊，最終贏得了一段人人羨慕的美好姻緣。

　　雅麗能贏得自己的幸福，與她自身的睿智是分不開的。與一些大齡的女生不一樣，雅麗沒有因為別人異樣的眼神和閒言碎語，就倉促地把自己嫁了。相反的，她在別人都不冷靜的時候保持了自己內心的平靜。耐心等待，甄選，遇到自己喜歡的人就精彩出擊，最後贏得了「好男人」的心。這是雅麗的幸運。這種幸運同樣屬於那裡忠於自己內心，愛自己的女人們。

　　那麼，妳如果到了待嫁的年齡，卻依然未婚，應該做好哪些準備呢？

　　首先，妳要盡量保持自己年輕鮮豔的狀態。

　　每個星期或隔一兩週，花點時間去做美容、按摩，好好地呵護自己一番，並且保持良好的膚況和身材。有句古話說「女為悅己者容」。但是當女人沒有「悅己者」時，更不能放棄維護自己容貌的權利和心情。讓一個女人偷懶或放棄自己是一件很容易的事。另外，保持容貌的明豔，也是一種宣示，它不僅告訴別人，也告訴自己：「別同情我，我狀態好著呢！」

　　其次，要對自己寬厚一些，不要做個拿著長矛、詆毀自己的嚴屬判官。

　　有些年齡稍大的單身女子，喜歡用「我呀，就是嫁不出去啊！」來嘲諷自己。這些自我解嘲式的話語，其實是潛意識裡對自我的否定和失望，此外，也有先聲奪人的意味。當我們說這句話給旁人聽時，潛意識裡是在

進行自我防衛，妳的潛臺詞是：「閉嘴！我知道妳在笑我，我知道自己嫁不出去，我沒人要，我先自打嘴巴行嗎？」妳說這句話時，雖然臉上帶著笑容，其實心裡卻是淌著淚水的。

妳結不結婚根本與那些不相干的人無關，所以沒必要對他們解釋，也沒必要遷怒於他們，更沒必要猜測他們的想法，因為那根本不是妳需要去操心的問題。況且，沒有結婚不是誰的錯，只是時候還沒有到，還沒有碰上命中注定的他罷了。當妳真正放鬆下來的時候，就會發現世界真的很美好，而且那個同樣孤單的也說不定在哪裡等著妳呢！

美滿家庭離不開好的當家人

愛情終於修成正果，花前月下卿卿我我的纏綿逐漸變成了柴米油鹽的瑣碎。婚姻的大門一旦開啟，新人們在品嚐甜蜜愛情的同時，不得不面對生活中的一連串的現實問題 —— 家裡的錢歸誰管？要不要買新房子？什麼時候生小孩？生完孩子以後如何存教育金？如果有還房貸、車貸的問題，又該如何解決……

一連串的問題，在婚姻的大幕開啟之後，就擺在年輕的、沒有多少持家經驗的夫妻面前。

國不可一日無主，家也不能沒有一個當家的人。否則，兩個來自不同家庭，有著不同家庭背景、成長環境和消費習慣的人，難免在一些家庭事務上產生分歧，各有各的行為方式，根本無法形成合力。

所謂「當家」，按照《現代漢語詞典》的解釋是：主持家事。當然，這個「家事」並非我們常說的狹義的「家事」，而是泛指家庭的一切事物，既管事，又管財，還管人，也就是說，主持家事的當家的人，是家庭這個公司裡的最高行政長官。

　　時代的發展，給家庭注入了不少新鮮的元素，例如，家庭 AA 制這一個新生制度。家庭 AA 制中的夫妻二人，各人掌管與支配自己的錢財，家庭事務包括家事在內，都一一平均分配。家庭 AA 制也許是一個不錯的「民主」持家模式，但家庭裡有一個當家的人，一個主內一個主外，似乎是一種更讓人接受的持家方式，也更有家庭的味道。

　　劉君是個生意人，在商場上幾起幾落，現在終於在臺北擁有上千萬的家產。

　　他曾經告訴自己的朋友：在他最後一次生意失敗後，為了東山再起，整日奔波忙碌在臺北的大街小巷。那時候他常常很晚才回家，但無論是多晚回家，他家永遠有一盞守候他的燈，永遠有一個等候他的人 —— 他的妻子。即使是在最困難的時候，他的妻子也將家庭操持得井井有條。那個被他稱為家的出租小屋裡散發的溫暖，是劉君拚搏與奮進的動力。

　　擁有一個持家有道的當家人，實在是一個家庭的福氣。一個好的當家人，能使小家庭和樂融融，使大家庭井然有序。因此，走進婚姻，女人首先要有做好當家人的準備。

▎用一捧沙的情懷經營婚姻

　　一個即將出嫁的女孩，向她的母親提了一個問題：「媽媽，婚後我該怎樣掌握愛情呢？」

　　「傻孩子，愛情怎麼能夠掌握呢？」母親詫異道。

　　「愛情為什麼不能掌握呢？」女孩疑惑地追問。

　　母親聽了女孩的問話，溫柔地笑了笑，然後慢慢地蹲下，從地上捧起一捧沙子，送到女兒的面前。女孩發現那捧沙子在母親的手裡飽滿成團，沒有一點流失，也沒有一點撒落。接著，母親用力將雙手握緊，沙子立刻

從母親的指縫間瀉落下來。待母親再把手張開時，原來的那捧沙子已所剩無幾了，其團團圓圓的形狀，也早已被壓得扁扁的，毫無美感可言。

女孩望著母親手中的沙子，領悟地點點頭。

其實，那位母親是要告訴她的女兒：愛情無須刻意去掌握，越是想抓牢自己的愛情，反而越容易失去。只有適當地放開一些，才能真正地擁有它。

生活中有一些女人，一心想把老公牢牢地抓在自己的手裡。她們認定夫妻就應該捆綁在一起，親密無間，沒有祕密。為了更好地掌控自己的老公，女人們凡事追根究底，讓男人們煩不勝煩，急著想逃離。

其實，這些女人不知道的是，夫妻間保持一定距離是促進家庭親密的最佳方式。就像畫家必須在孤獨時才能有所創作，小說家在孤獨時往往才有靈感，夫妻在分離時更能體會到婚姻的可貴、家庭的溫暖以及自身的價值。有些時候，適當的親密有「間」，反而會讓婚姻進入良性發展軌道。

李勇和柳眉結婚六年，即將步入第七個年頭。兩個人常常會為了一點芝麻綠豆的小事爭吵不休，一旦吵起來，雙方都寸步不讓。

一次，李勇要到外地出差兩個月。結婚以後，他們從沒分開過這麼久。李勇走後，柳眉鬆了一口氣，覺得自己終於可以安靜一段時間了。結果還不到一個月，柳眉就開始無法自控地想念李勇。他們之間互通電話越來越頻繁，每次通話時間也越來越長。他們居然有了當年戀愛時的感覺。將近七年的婚姻，讓他們彼此成為對方的左手，存在時感覺沒有多大用處，但當右手無法使上力時，他們才認識到左手是如此不可或缺。

如今，他們會從一年中挪出一個月的時間，給彼此放個假，給婚姻鬆鬆綁，讓對方喘口氣，也讓婚姻喘口氣，然後再攜手繼續走下去。

柳眉覺得這種方式非常適合婚姻生活，因為如今正處於七年之癢的他

們，感情反而比原來更好了。李勇也感嘆，在一起雖然沒有特別的感覺，但分開後竟然還有著絲絲縷縷的牽掛。

莎士比亞說過這樣一句耐人尋味的話：「最甜的蜜糖，可以使味覺麻木；不太熱烈的愛情，才能維持久遠。」事實正是如此，夫妻之間長期廝守，沒有須臾分離的話，相互間的新鮮感和神祕感會消失，愛情的熱度也會降低。聰明的妻子們，為了讓丈夫不斷積蓄新的恩愛能量，可以讓丈夫停服幾天「蜜糖」，喝上幾天「白開水」，這樣丈夫會更珍惜「蜜糖」的甘甜。

一位丈夫是這樣說的：「難以令人置信的是，一旦鬆開了束縛，認識到自由也是愛的一部分的時候，我覺得我的生活一下子向前躍進了一大步。對我的妻子和我們之間共同的東西來說，是這樣，對我們的幾個真正要好的朋友來說，也是這樣，而且我的內心世界也向前邁進了一大步。在我的內心裡，周圍的一切都發生了變化，我用另一種眼光來看待一切，一切都向我敞開著大門，好像沒有任何止境。」

聰明的女人不會把男人捆綁在自己的身邊，她會懂得適時地給對方鬆鬆綁，讓對方有機會做他們自己喜歡做的事情，有機會去增長見識，有機會去自我完善，有機會和妳一起學習如何去維護、完善自己的婚姻。

▌要「照顧」男人的面子

男人是「面子」動物，他們愛「面子」勝過愛「裡子」，他們對面子的在意不亞於女人對容貌的關心。生活中，我們時時刻刻都能看到捍衛面子的男人，也經常看到喪失顏面後的男人會怎樣？喪失顏面的男人有兩種表現，一是變得瘋狂，二是變得超然物外。無論走到哪個極端，對女人來說都很不幸。因此，聰明的女人輕易不要觸及男人的面子問題。

然而，現實生活中，常有些糊塗的女人做出一些糊塗事來。

莉莉是個富家女，從小就自以為高人一等。嫁給她那個來自農村的老公以後，她看自己的老公總是不順眼，總是挑剔他。

不過，令人慶幸的是，她的老公倒是一個老實憨厚的大好人，平素少言寡語，只要莉莉不說過火的話傷他自尊，他一般都不會反擊。

一個週末，莉莉老公的朋友約莉莉一家出去郊遊。朋友新買了一輛黑色的越野車，開著車過來接莉莉他們。莉莉一看到朋友的車，眼睛就亮了起來，她羨慕地說：「妳們真闊氣呀！瞧瞧我們那輛破車，我看著它就委屈。喂，你什麼時候有本事也給我買一輛越野車呢？」她說著回頭瞪了一眼丈夫，「算了，看你這樣子，八輩子都買不了這臺車。」

莉莉的老公陰沉著臉，轉過頭來與朋友閒聊，假裝什麼也沒聽見。

然而，莉莉並不知道自己觸痛了老公的神經，又自顧自地跟朋友的老婆說：「陳太太家剛買了別墅，邀請我們一起去玩。我們一樣都是女人，可是妳看看人家的老公，一個比一個有本事，再看看自己的老公，沒有本事不說，還窮親戚一大堆，有事沒事就找上門來，真煩！我……」

沒等她說完，她那平日不聲不響的老公就打開車門，頭也不回地走了。莉莉見老公走了，更生氣了，她大聲叫嚷著：「沒本事就是沒本事，還耍什麼脾氣！」

不久後，老公跟她離了婚。朋友們對這種結局早有預料，因此，誰也沒有覺得意外。

男人的自尊很可怕，他可以不在乎一切，但受不了最愛的人的一句譏諷。因此，作為女人，如果妳真心愛著自己的老公，就請愛護他的自尊，呵護他的面子。對一個男人來說，女人嫌他窮，這是沒齒難忘的羞辱，就像一個女人永遠不能原諒一個說她長得醜的男人一樣，他失去了面子，一定會記恨妳。

第八章　美滿的婚姻是女人最大的成功

聰明的女人知道內外有別，不管在家裡如何，一旦涉及他的面子時，一定要小心謹慎，就像手捧一件古老、珍貴的瓷器。給他足夠的面子，才能獲得「高額回報」。

海英是個急性子的女人，平常在家裡，只要一不如意就上演「河東獅吼」，海英的老公有點懼內，因此，對於海英的火爆脾氣，他能躲就躲，能忍就忍。

有一天，海英又發脾氣了，跺著腳大罵，他情急之下逃至桌下。這時，老公的老朋友突然推門進來，見到這一幕相當尷尬，他進也不是，退也不是，僵在門口。

海英倒也伶俐，她急中生智地拍拍桌子：「我說抬，你偏要扛，正好來幫手了。」老公順坡下驢，鑽出桌子連聲說：「還是老婆妳想得周到！」一場場面子危機就這樣化解了。

當一個男人在妳面前大談他曾賺過多少獎金，曾和多少個名人、上司共進晚餐，妳大可不信，但千萬不要打擊他的「談興」，妳揭了他的底細就是讓他有失「尊嚴」。為了尊嚴，男人可以和最好的朋友翻臉。當然，男人有時候也可以不要「臉」，目的卻是為了以後更「有頭有臉」。

為了「面子」，男人可以高談闊論，甚至可以一擲千金。為了「面子」，男人往往很累，男人不願意在他人面前顯出自己的弱小，顯出自己的無能，顯出自己的寒酸，顯出自己的不如意。男人，有苦也只能藏在心裡，有淚也只好往肚裡吞，這不能說明男人堅強，只不過是男人在捍衛自己的「面子」罷了。

男人的面子，就等於男人的自尊與自信，同時也是現代男人最在意的東西。聰明的女人該學會該示弱的時候就示弱，女人的凶悍與潑辣對家庭感情有著極大的殺傷力，而女人的溫柔與眼淚絕對是征服男人的最大武

220

器。學著給自己的男人留足面子，妳也同樣會享受到其中的成果，他會更疼愛妳，更珍惜妳。

因此，聰明的女人應該在說話做事上給男人留足面子，只有這樣，兩個人的小日子才能經營得越來越和諧，婚姻也才能越來越美滿幸福。

▎少嘮叨，多聆聽，多溝通

美國作家米勒告誡女人們：「成功的婚姻與普通的婚姻之間的區別，就是一天中有三四件事情不說。」一般婚姻的情況是，女人說話的時間是男人的幾倍。很多女人喜歡對著丈夫滔滔不絕，恨不得掏心掏肺，把什麼都說給老公聽。可憐的男人，不僅要在外面承受事業上的壓力，回到家裡還要承受妻子的「語言轟炸」，別提內心有多麼疲憊、厭倦。這樣的情況久了，很多男人往往會選擇「逃離」。

舒琴喜歡嘮叨，一件小事情她都會反覆說個不停。她老公每天下班回家，她總是在老公面前嘮叨不止。從老公回家晚了到家事的忙碌，從兒子的功課到網路購物，從油價上漲到紅燈停綠燈行，從李家汽車的牌號到張家孩子學車遇到了哪些麻煩。

每天聽著妻子的嘮叨，讓舒琴的老公開始無法忍受了。他忙碌了一天，很想清靜清靜，看看書，聽聽音樂，或在網路上找朋友下下棋。然而，妻子總是不給他這個機會。這天，他終於爆發了：「妳到底有完沒完？妳一天到晚叨嘮個不停，到底有沒有考慮過我要不要聽這些無聊的事情？」

舒琴愣住了，眼淚流了下來。她想不通自己溫順的老公怎麼就變成了一顆炸彈了。

其實，男人也有滿心的煩惱，也有自己的憂慮，也有很大生活壓力。他們同樣也有很多話要說，他們也渴望別人能夠了解自己。聰明的女人會

察覺到丈夫的需要，適時地緘口，把話語權留給自己的老公，讓丈夫也有傾訴的機會。這對男人來說是一種莫大的安慰。

英國大政治家迪斯雷利（Benjamin Disraeli）的婚姻故事歷來為人稱道。他35歲時向一位年長自己15歲的寡婦瑪麗·安妮（Mary Anne Lewis）求婚。這不是愛情，他只是看中了寡婦的金錢。已年過半百的瑪麗·安妮明白他的心思，但還是跟他結婚了。利用婚姻進行交易歷來都不新鮮，可是，出乎所有人意料的是，這樁婚姻竟然被人稱頌為最美滿的婚姻之一。

瑪麗·安妮既不年輕，也不漂亮，學識淺薄，衣著古怪，不懂家事，經常說錯話，她似乎具備了女人所有的缺點，可是有一樣她卻是天才，她懂得如何呵護自己的婚姻。她從不讓自己與丈夫的意見相反，每當迪斯雷利與那些反應敏銳的人物交談之後，筋疲力盡地回到家時，她會給他一個安靜的休息。沒有盤問，沒有嘮叨，只有相敬如賓的氣氛和靜靜休息的地方。每當迪斯雷利從眾議院匆匆回來，跟她述說白天所看的、所聽到的新聞時，她會微笑著傾聽，並對他的想法或建議表示完全的支持。她支持自己的丈夫，凡是他努力的事，她絕不相信會失敗。他們兩人共同度過了20年歲月，迪斯雷利把瑪麗·安妮看做心中的英雄，陳請女皇封授瑪麗·安妮為貴族。

瑪麗·安妮成功的婚姻範例給我們一個很大的啟發，一個女人，若想留住老公，必須停止嘮叨和抱怨，換作耐心的傾聽。如何讓男人在妳面前說話，如何保持他傾訴的慾望，才是女人呵護婚姻的良方。

那麼，女人應如何改變愛絮叨的毛病，學會傾聽和溝通呢？

◆ **不要無休止地嘮叨**：很多女人喜歡用嘴巴，不喜歡用耳朵，她們習慣於把老公、孩子的頭腦當作無底洞，每天喋喋不休，塞進去無數的訓誡。最終這些訓誡非但沒有形成好的作用，反而讓人產生叛逆心理，

得不償失。因為，女人若想有效溝通，必須停止無休止地絮叨，換個姿態，讓自己耐心地坐下來傾聽。

◆ **聽的時候要認真**：夫妻、親子交談時，暫時放下手上的事情，專心地交談。只有這樣，對方才能感覺到妳的誠意與尊重，才會願意繼續與妳交流。交談的時候，要思考，不要急著發表自己的意見，要讓對方把自己的意見說出來。當然，如果妳是一個很好的聽眾，妳還會懂得適時地談談自己的想法。

◆ **不要打斷對方的話**：我們時常能看見丈夫剛剛要說話，妻子就在一旁打斷丈夫，自己說自己的。這會讓丈夫沒有了說話的慾望，溝通也因此成了無效溝通。

◆ **不要讓說話的人難堪**：一些女人心直口快，因為沒有注意自己的聽話習慣，而讓丈夫尷尬、難堪。

李奇下班回家，興奮地對妻子說：「老闆要給我加薪了，妳覺得能加多少呢？」

妻子正在看電影，心不在焉地說：「能加多少？100？500？1000？難不成還能加5000？不要做夢了！就那點小錢，能做什麼呢？」

李奇一聽這話，氣憤地說：「妳怎麼這麼不會說話呢？妳就不能說點讓人高興的話嗎？」

因為這件事情，兩個人整個晚上都沒有好心情。

其實，丈夫原本想跟妻子分享喜悅，但是妻子非但不領情，還迎頭就潑了一盆涼水，這對丈夫來說，確實是一種傷害。所以，要做一個好聽眾，就要注意別讓對方難堪。

總之，傾聽是夫妻、親子之間有效溝通的最佳策略。聰明的女人不會光顧自己說話，而會選擇傾聽和有效溝通。只有溝通了，彼此的理解才能

多起來，彼此間無謂的爭吵就能夠避免，關係越來越和諧，猜忌沒了，虛榮沒了，嫌棄沒了……婚姻也就會變得越來越單純。 所以我們說，把嘮叨變為聆聽和溝通是營造美好婚姻的一大祕訣。

▌聰明女人懂得「馭夫」

有一個年輕人，他走在前面，身後用繩子牽著一隻羊。有人開玩笑說：「這隻羊之所以跟著你跑，全憑你用繩索縛了牠，而不是你真心喜歡牠，也不是牠真心跟隨著你！」

年輕人一聽，立即放開了拴著羊的繩扣，丟開羊就自顧自地向前走去，並且一會兒左一會兒右的走。那隻羊呢？雖沒有繩子拴著，卻一步不離地跟著年輕人忽左忽右地跑，一點也沒有要離開年輕人的意思。

開玩笑的人不禁奇怪地問：「年輕人，這是為什麼？」

「因為我餵給牠肥美的草，並且精心照料牠。」年輕人停止表演站在原地說。

這個人沉思起來。

年輕人又說：「聰明的朋友啊！我有一句良言相告：拴住羊的不是那根麻繩，而是你對羊的呵護與憐愛。」

女人，妳拴住男人、駕馭男人的，不是麻繩，也不是眼淚，甚至孩子都不是。妳要用發自內心的愛去引導他。

用妳的深情打動對方

（注意：此法只適用於對家庭尚有責任心，對妻子尚有愛心的丈夫）

有一個女士對於怎樣和丈夫相處自有一番經驗。結婚不久時，她的丈夫迷上了麻將，每天下班後一玩就是半夜。她又氣憤又委屈，但委屈歸委

屈，她隻字不提他晚歸的事。此後幾天，她每天晚上都做好他最喜歡吃的飯菜等他歸來，沒等他吃完，她又將熱熱的洗臉水端過來，搞得他好像是凱旋的將軍一樣。如此幾天後，他下班就按時回家了，她則故作隨意地問：「這幾天公司不加班了？」他心照不宣地說：「一想到妳情深意切坐在桌邊等我的身影，再緊急的班也不加了。」她竊笑，此法真靈。之後，每到節假日，她便主動約幾個親朋好友，陪丈夫玩麻將，這樣既可以娛樂，又不致使丈夫染上賭博的惡習。

以女性的溫柔來感化對方

（注意：「柔」也要有個限度，絕不是一味的遷就、忍讓）

男人大都吃軟不吃硬。有一位女士的丈夫性格急躁，脾氣一上來，真如電閃雷鳴。但是此時她絕不和他硬碰硬。這種時候，她一般都是冷眼旁觀，有時候也會委屈得掉幾滴眼淚，以喚醒他的良心。等他冷靜下來，她再就事論事、有理有據地分析給他聽。這樣做的結果，往往是雙方意見統一，皆大歡喜。

真誠熱情地對待丈夫的家人朋友

（注意：捨得為丈夫的家人朋友做感情投資的妻子，才是世界上最聰明的妻子）

有一個女士結婚後的第二年，得知丈夫的弟弟要結婚。她毫不猶豫地將本打算買件新皮衣的 5000 元績效獎金寄了過去。事後，丈夫非常感動，也學她的樣，瞞著她不時地給她父母寄錢寄物。男人大都愛面子，只要當眾把面子幫他撐過去了，他一般都會心懷感激。有一次，她丈夫領了一群難得湊在一起的國中同學回家作客。碰巧那幾天到了月底，「財政」告急，但她連忙出去向鄰居借錢買了酒菜，又傾盡家中所有招待他的客

人。客人們喝酒聊天狂歡了大半夜，那幫同學臨走時直誇她賢惠，她倒沒感覺什麼，但丈夫卻開心了好幾天。

妻子要善於變換自己的角色

（注意：母親、妻子也好，情人、女兒也好，此舉要依情境而定，不可太刻意，否則就有矯揉造作之嫌）

每天都是一樣的生活，每天對著一樣的牆壁、一樣的房間，做著同樣的工作。由此我們可以知道已婚男女找情人，多半是因為難以忍受年復一年日復一日的白開水式的感情模式與生活方式。人類對於激情孜孜不倦地熱烈追求，有點像貓 —— 貓看到一個滾動的乒乓球會不厭其煩地追逐好久，而在地面前四平八穩幾十年如一日的方磚，牠則是理都懶得理！引用一句電視劇裡的名言 —— 愛情是把銅茶壺，常擦才能常新。在生活中常常用一些方法使家庭生活變得有新意，這樣的日子可以讓人感覺新鮮。做妻子的要經常變換自己的角色，以母親、妻子、情人、女兒的身分交替出現在他面前，或不留情面地批評，或知冷知熱地呵護，或溫柔體貼地撫慰，或天真純情地撒嬌。如此，丈夫便覺得妳是個很有情調、富有魅力的女人。

當然，「馭夫術」還有很多，那就要看聰明的女人自己如何使用了。

所謂「馭夫術」不是想方設法把丈夫控制住，而是傾注無限愛心，給予最大信任，盡一切努力使他成為一個自由的、有愛心和責任感的丈夫。如果用公式表示一個完整的「馭夫術」，那就是「幸福婚姻＝愛情＋信任＋自由＋控制」。

▌別讓「無端猜疑」腐蝕了婚姻

毫無根據的猜疑是婚姻的大敵，它使人自尋煩惱，甚至導致雙方感情的破裂。猜疑一般總是以某一假想目標為出發點進行封閉性思考，它帶著強烈的主觀色彩。婚姻不是一個人的事，它需要兩個人共同經營，這樣日子才會越過越精彩。

鄭安和為心是大學時候的同學，學業優秀，畢業後他們結了婚，一起到美國讀研究所，兩人都是事業型的人，夫妻攜手並進，好不令人羨慕！

但兩人到了四十多歲，卻矛盾叢生。鄭安雖然四十多歲了，但仍一表人才，一點也不顯老。為心卻因為打拚事業，容顏憔悴，她在美國一間非常好的公司當主管，過度的勞累讓她形銷骨立，備顯老態。從外表上來看，她和丈夫已經形成了鮮明的對比，為此她非常擔心丈夫有一天會離開她，喜歡上比她年輕貌美的女人。

因為婚姻中缺乏信任和安全感，鄭安和為心都過得非常不開心。按鄭安的話講，他現在簡直就生活在地獄中。因為妻子總是懷疑他，有時候，隔壁的鄰居，一位六十多歲的老太太跟鄭安說句話，為心也要問個清楚，跟那個老太大說了什麼，每一句話都要我重複一遍，否則她就很不高興。鄰居有一個女孩，十七八歲，開車經過時停下來和鄭安說幾句話，被為心看見了，馬上追問鄭安，他們到底說了什麼。好像所有女人都和自己的丈夫有說不清的關係一樣。

為心把鄭安當賊般的防著，每天當鄭安準備休息，她就開始數落，抱怨種種對丈夫的不滿。鄭安覺得自己似乎睡在一個債主的身邊，天天被討債……

最後，兩個原本相愛的人因為猜疑而分道揚鑣。

　　這樣的故事聽了讓人不禁欷歔不已，一個事業成功的女性，卻在婚姻中完全喪失自信，最終逼得丈夫與自己離婚，不能不說是一件人生的悲劇。信任是簡單的事情，沒有特別深刻的道理可講，但真正建立起對他人的信任確實非常困難。不自信的人很難相信人，因為他們連自己都懷疑，更難相信他人對自己的的愛。失去了信任的基石，夫妻關係又能堅持多久呢？

　　女人適當地吃點醋是對男人的在乎，在愛情裡面，人都是自私的，希望對方對自己專一不變，但是有些女人就喜歡亂吃飛醋，自己的男人和女同事說多幾句都不行，和前女友有聯絡也不行，這樣的女人天天活在猜疑當中，自己痛苦，別人也痛苦。

　　一些女人在婚姻生活中常產生猜疑心，其中一個重要的原因就是思考上主觀臆斷的色彩太濃，無根據地加強心理上的消極自我暗示。解決猜疑心的方法很簡單，那就是多和對方交流思想，交心才能知心。人們常說：「長相知，才能不相疑；不相疑，才能長相守。」夫妻在婚姻生活中，只有做到襟懷坦白，開誠布公，才能相互信任。有了這個牢固基礎，主觀色彩很濃的猜疑心自然會煙消雲散了。

　　夫妻之間應互相理解，互相信任。產生了誤會，要及時解釋，發生了矛盾要及時調解。採取寬以待人的態度，才有助於婚姻生活的幸福和美滿。因此我們要提醒女性：不要讓妳的愛成為伴侶的負擔，不要以愛的名義去做傷害愛的事。若想使婚姻生活永遠和諧溫馨，就應該增加了解和信任，將猜疑心丟掉。

保持鈍感，讓婚姻更幸福

　　婚禮當天早上，露絲在樓上做最後的準備，母親走上樓來，把一樣東西慎重地放到露絲手裡，然後看著露絲，用從未有過的認真語氣對露絲說：

　　「我現在要給妳一個妳今後一定用得著的忠告，就是妳必須記住，每一段美好的婚姻裡，都有些話語值得充耳不聞。」母親在露絲的手心放了一對軟膠質耳塞。

　　正沉浸在一片美好祝福聲中的露絲十分困惑，更不明白在這個時候，母親塞一對耳塞到她手裡究竟是什麼意思？但沒過多久，她與丈夫第一次發生爭執時便一下明白了老人的苦心。

　　「她的用意很簡單，她是用她一生的經歷與經驗告訴我，人在生氣或衝動的時候，難免會說出一些未經考慮的話；而此時，最佳的應對之道就是充耳不聞，全當沒有聽到，而不要同樣憤然回嘴反擊。」露絲心裡想。

　　但對露絲而言，這句話產生的影響絕非僅限於婚姻。作為妻子，在家裡她用這個方法化解丈夫尖銳的指責，修護自己的愛情生活。在公司她用這個方法淡化同事激烈的抱怨，改善自己的工作環境。她告誡自己，憤怒、怨憎、忌妒與自虐都是無意義的，它只會掏空一個人的美麗，尤其是一個女人的美麗。每一個人都有可能在某個時候會說一些傷人或未經考慮的話，此時，最佳的應對之道就是暫時關閉自己的耳朵 ——「妳說什麼？我聽不到哦……」露絲憑這一句話，在愛情與事業中獲得了雙豐收。

　　如果把婚姻生活中的愛情比作一筆存款，那麼相互欣賞是收入，相互摩擦是支出，而相互忍讓則是節約。在生活中，妳不僅需要「耳塞」，還要「眼罩」。當然，「目盲」不是真盲，而是指「睜一隻眼閉一隻眼」。

第八章　美滿的婚姻是女人最大的成功

　　「睜一隻眼，閉一隻眼」不是麻木地忍讓，而是在愛情最脆弱的時候知道「退一步海闊天空」的睿智；也不是不負責任的破罐子破摔，而是彼此諒解和寬容的更高層次的愛。身邊有太多打了一輩子、鬥了一輩子但仍然還得待在同一個屋簷下的男男女女，在兩個人的世界裡，誰贏了誰，都是輸。與其糾纏不清，不如難得糊塗，妳快樂所以我快樂。

　　婚姻是需要智慧的。在男人面前女人有時不妨「閉一隻眼」。男人一不小心撒了謊，女人心知肚明即可，沒有必要把所有的事情都弄個水落石出，探究個一清二楚。就算妳天生有一雙「火眼金睛」能洞察秋毫，可到頭來傷害的還是婚姻。

　　誰都難免有「走神」的時候，更何況婚姻這種需要一輩子經營的大事。只要能掌握住婚姻生活的大方向，不偏離正常的軌道，不偏離道德的航線，女人有時不妨「閉一隻眼」。給老公一點自己的空間，一點迴旋的餘地，一點反省的機會，婚姻會可能因此而別有洞天呢。

　　有人說：「戀愛時要睜大雙眼找對方的毛病，結婚後則要睜一隻眼，閉一隻眼。」、「人無完人，金無足赤」，當妳在選擇另一半時，妳就是選擇了他的全部，好的和不足的都是妳要的，也都是妳要慢慢接受和面對的。

　　回到家，一推開門，看見屋子裡的場景，妳不由得火冒三丈：早晨出門才擦過的光潔的地板上灑滿了零食的碎渣；一雙襪子一隻倒立在地板中央，另一隻居然躺在茶几上；桌子上擺滿各種食品的空包裝袋、髒碗筷；小貓咪公然在妳出門時才洗過晾在燙衣板上的襯衫上，大搖大擺地行走。

　　而妳的老公和兒子卻視而不見，正在興致勃勃地玩飛鏢，雪白的牆壁已被戳得千瘡百孔。妳氣得快暈過去了，對他們大聲吼叫：你們通通過來幫我收拾！我絕不允許看見這麼髒亂不堪的家！

　　妳氣憤地放下手中的東西，開始挽起袖子，打掃這兩個男人製造的一片狼藉的戰場。他過來阻止妳：「跑了大半天，坐下歇歇不好嗎？一會兒我來幫妳收拾。妳看看妳，真是隻勤勞的小蜜蜂，成天把自己搞得這麼累。不就是家裡亂了一些，只要我們覺得住著舒服自在就行了，有必要這樣大發脾氣嗎？我看妳呀，真是有潔癖！」

　　「愛乾淨有什麼不好？誰像你，真不知道當時我怎麼就嫁給你這種人！」妳更加氣勢洶洶地朝老公吼。

　　這是很多家庭常常上演的場景吧！女人們因為老公的懶惰，因為他在被妳收拾得整潔的家裡搞破壞而爭吵不休。結果呢，老公還是那個老公，妳還是妳。一個要隨心所欲、沒有束縛的家，一個要房間裡什麼時候都必須保持一塵不染、井井有條的家，妳們誰都沒法改變誰的生活習慣。反倒是，這樣的爭吵讓妳們愛的奏鳴曲裡漸漸多了不和諧的音符，對對方也變得更加挑剔起來。

　　其實，為什麼不閉一隻眼呢？假裝看不見他身上的種種惡習，假裝看不見家裡的髒和亂。即使是兒子和老公玩打仗時，把房間搞得像剛遭小偷，妳也好脾氣地說：「玩吧，沒關係！」

　　每天晚飯後，牽著伴侶和孩子的手下樓去散步。而此時，家裡的洗碗槽裡正堆著碗，電腦旁有他亂扔的髒衣服。這又有什麼呢？只要妳閉了眼，假裝看不見，一切就變簡單了。幸福快樂的日子，就不會遠離妳。

　　婚後的小蘭，隔三差五地往朋友那裡跑，嚷嚷著自己的委屈，數落著男人的不是：「他真讓我傷透了心！我辛辛苦苦替他疊好衣裳，他一拿就全散開了。妳說他，他不聽，再說他，他就不耐煩，說在家裡那麼整潔幹嘛？再說的話，還會對我吼。看他那凶相，我真懷疑我們以前的愛情！」小蘭的淚一顆接著一顆滑落，朋友只能一邊安慰一邊解勸：「拜託妳了，

231

講點新鮮的好不好？都結婚了還吵得跟孩子似的，就為那點兒小事，省省力氣吧！」、「不，這不是小事，這說明他對我不尊重。我非得治治他。」小蘭咬牙切齒。

有一天，他們倆決定去拜訪另一位好朋友小欣，想看看這個幸福女人究竟是怎樣生活的？走進小欣的家，發現婚後的她更加沉靜了，溫暖地笑著，一副乖巧的小婦人模樣。小蘭大呼：「還是小欣眼光好，找了一個疼她的丈夫！」、「怎麼？妳老公不疼妳嗎？」一句話勾起了小蘭的「傷心事」，她又喋喋不休地數落起了丈夫的不是。

聽她說完，小欣笑了，說：「男人都是這樣的，妳真是小題大做了。和妳老公相比，我老公只怕有過之而無不及呢。」

原來，婚後的小欣發現丈夫超級邋遢，一雙襪子從來都是扔到兩個地方，總是她跟在後面撿，更別提讓他整理屋子了。

「那妳是怎麼過的？」小蘭一臉疑惑，因為小欣是她們當中最愛整潔的人。

小欣微微一笑，說：「睜一隻眼閉一隻眼，想做就幫他收拾一下，累了就由他去吧！為什麼硬要改變他？為什麼不能容忍他？」

小欣那樣子，簡直就像一位哲學家。小蘭恍然大悟：原來，幸福的女人只睜一隻眼。

▎這些話妳不能對老公說

假設妳走在下班的路上，行人匆匆擦肩而過，妳突然看到一對洋溢著幸福氣息的戀人走過來，兩個人的手緊緊握在一起，空氣中都散布著他們的甜蜜和美好。妳的感覺是什麼呢？看一眼就匆匆走過？還是撇撇嘴表示鄙夷但是整個晚上都憤恨著：他們為什麼這麼幸運？如果妳的反應是後

者，那麼妳更應該反省內心：面對感情穩定幸福的一對情侶，妳很難強迫自己不去嫉妒，妳是否正在為了維護自己的戀情而焦頭爛額呢？

下面我們列舉五句不少女人經常掛在嘴邊的錯誤言語。

◆ **沒有我，就沒有今天的你**：愛首先是一種尊重，不尊重他，怎麼會珍惜他？如果妳付出是真心的愛，那麼妳根本沒有心情會去計較得失；如果妳已經開始在意自己的付出，這說明妳的愛已經份量不足了。這個時候，計算是可以的，但是心知肚明即可，絕對不能光明正大理直氣壯地去索債，那只會讓妳們原本就岌岌可危的愛情加速蒸發。

◆ **你跟你爸爸（或媽媽）一樣××（×× 指負面評價）**：指責對方，還要附帶上對方的長輩，這種雙重的攻擊讓每一個人都會難以承受。

◆ **你看人家小張，比你強多了**：不要對比他的缺點來誇獎另一位男士，他會感到被看不起和被奚落。男性通常比女性缺乏安全感，若妳提及到別的男士的優點來和他作比較，可能會令他忐忑不安。因此盡量少拿丈夫跟別的男人作比較，應讓他覺得自己比其他男人優秀。

◆ **如果你真的愛我……**：女人說這句話時，一定是帶有後文的。這其實是以「愛」為條件來獲得後文中的要求。例如，如果妳真的愛我，就應該如何如何。不具體地談為什麼應該如何，單純用愛的名義來達到目的，即使勝了，也勝之不武，無法讓男人信服。這種話也許在關鍵時候能用一用，但千萬注意不要常用。

◆ **對不起，我現在沒「性趣」**：類似的話有「我沒感覺」或「妳好差」。因為知道妳在這方面給他打了低分，他會覺得自尊受到嚴重的傷害。否定男人的性能力是對他最大的侮辱，尤其是簡單粗暴的否定。就算妳不肯點燃自己逢迎他，也可以讓慾望慢慢地升溫；就算實在不願勉強自己，也可以找個沒被濫用的理由來緩解。斷然拒絕，不僅會影響

他一陣子的心情，還會影響他的性功能。別提令他喪氣的事，說出妳喜歡的，或是委婉地告訴他妳想要的。

再忙也要記得給家人一點時間

一個媽媽下班回到家已經很晚了，很累並有點煩躁，她發現 5 歲的兒子靠在門旁等她。

「我可以問妳一個問題嗎？」

「什麼問題？」

「媽媽，妳 1 小時可以賺多少錢？」

「這與你無關，你為什麼問這個問題？」媽媽生氣地說。

「我只是想知道，請告訴我，妳 1 小時賺多少錢？」小孩哀求。

「假如你一定要知道的話，我 1 小時賺 150 元。」

「喔，媽媽，我現在有 150 元了，我可以跟妳買 1 個小時的時間嗎？明天請早一點回家，我想和妳一起吃晚餐。」

這個故事讓人動容：時間可以換取金錢，也可以換取家庭的親情和快樂。為家庭擠出些時間吧，因為有些東西是拿錢買不到的。

在我們這個世界，許多人都認為，家是一間房子或一個庭院。然而，一旦妳或妳的親人從那裡搬走，一旦那裡失去了溫馨和親情，妳還認為那裡是家嗎？對名人來說，那裡也許已是故居；對一般的百姓來講，只能說曾在那兒住過，那裡已不再是家了。

家是什麼？ 1983 年發生在盧安達的一個真實的故事，也許能給家做一個貼切的註解。

盧安達內戰期間，有一個叫熱拉爾的人，37 歲。他一家有 40 口人，父親、兄弟、姐妹、妻兒幾乎全部離散喪生。最後，絕望的熱拉爾打聽

到 5 歲的小女兒還活著，他輾轉數地，冒著生命危險找到了自己的親生骨肉，在悲喜交集中，他將女兒緊緊摟在懷裡，第一句話就是：「我又有家了。」

在這個世界上，家是一個充滿親情的地方，它有時在竹籬茅舍，有時在高樓華廈，有時也在無家可歸的人群中。沒有親情的人和被愛遺忘的人，才是真正沒有家的人。

生活中，我們常常聽見有人說：「等我有錢了，一定要讓我爸我媽過好日子，讓他們去旅遊，讓他們……」但是，又有幾個人知道這樣一句古話「樹欲靜而風不止，子欲養而親不待」呢？

很多人都有這樣的經歷：父母為了把我們養大成人，捨不得吃，捨不得穿，千方百計地保證我們的開支夠用。斗轉星移，當年的孩子步入職場了，他要結婚，要買房子，要給孩子存學費……在這樣那樣的忙碌中，他忽視了遠在老家的雙親。也許，他還在想：等我有多一些錢，就請他們上大飯店好好吃一頓，讓他們出去旅遊……然而在你去賺這些錢的過程中，忽然有一天，你發現這些錢已無法再花費出去了……這種痛永遠無法彌補，這種傷永遠無法癒合。

錢沒有賺夠的時候，但人的生命卻有盡頭。請在給予家人愛時，不要再給自己尋找等候的理由。

▌別因為婚姻忽視了朋友

每個人都需要有朋友，朋友是我們每個人生命最寶貴的財富之一，缺之不可。許多時候，朋友間深厚的友情往往比愛情更雋永、更真摯、更持久；比親情更體貼、更知己、更溫暖。人的一生中多幾個知心的朋友，心靈就不會孤獨，人生就不會寂寞，生活就不會索然無味。

　　然而，讓人遺憾的是，現實生活中，很大一部分的女人，一旦有了愛情，進入了婚姻，就會囿於愛情與家庭，全心全意地投入自己的家庭，以至於逐漸疏遠了自己曾經的好朋友，對深深淺淺的友情也不那麼愛惜了。她們總是說：「哎呀，最近太忙了，沒有時間呀！」她們情不自禁地沉湎於小家庭的歡樂中，津津有味地維持著自己幸福的小日子，至於朋友，至於那些友情，似乎已經變得無關緊要了。

　　其實，這些女人們在忽視友情的同時忽略了一點，那就是交友不僅是一種感情的交流，還是生活的重要擴充。一個女人如果成天「守」著自己的小家，她生活的環境、內容、經歷都將被內外的因素限定了，那麼她的視野、見地、經驗、心胸，便容易變得狹小、淺薄、片面。而她們的生活也會因為這一成不變的「守」而變得平淡、貧乏、平庸，她們用心「守」住的家庭的內容和生命也會因此日漸萎縮。因此，我們說，女人要與結婚前的那些朋友保持密切聯絡，珍視自己婚前的好朋友，保持自己的情趣，保持自己的愛好，保持自己的社交活動，保持自己除愛情以外的一切感情聯繫，也是豐富自己、更新自己、完善自己的很好方法。只有這樣不斷地豐富、更新、變化與完善，家庭生活才有色彩，愛情和幸福才能保持得長久。

　　對於女人來說，朋友是自己一生的財富。這是因為：

好朋友是女人的心理醫生

　　好老公可能會給妻子一個美好的生活環境，關心妻子的身體健康，然而，他們不一定能理解女人們的想法。

　　對於大多數女人來說，特別是那些家庭主婦來說，生活如此瑣碎，瑣碎的生活讓人如此孤單和無奈。這個時候，她們有滿腔的心事無處傾訴，情緒被壓抑著得不到疏導，時間久了，很容易產生心理疾病，危害到身心健康與婚姻的幸福。在這種情況下，女人如果有那麼一兩個可以傾述的對

象，情況往往就會有所不同。在向朋友傾訴的過程中，女人的情緒得到紓解，心理上的壓力得到釋放，心情變得輕鬆了起來。一旦心情輕鬆，連帶著瑣碎的生活也變得美好起來。這樣一來，女人的抱怨少了，快樂多了，婚姻也就更美滿了。

好朋友是女人的鏡子

既然是好朋友，必定是互相了解，彼此貼心的。因此，真正的朋友像是一面鏡子。

小丹和紫清是一對從小一起長大的好朋友。小丹與方銘結了婚以後，因為沉溺於小家的幸福，因此很長一段時間疏遠了紫清。只在一些比較重要的節日偶爾聯絡紫清。

一段時間以後，小丹因為家庭矛盾不堪其擾，於是，她想到了好朋友紫清，就約出來見面。

在紫清眼裡，不過是 3 年光景，曾經開朗活潑、有無數夢想的小丹已經不復往日的風采了。她一副無精打采地模樣，一見到紫清就絮絮叨叨地說起了家裡的矛盾：婆婆不講理，愛嘮叨，什麼時候都要管，老公不理解自己……小丹覺得人生無趣極了。

紫清靜靜地聽著曾經的好朋友的傾訴，她知道小丹並不是一個小氣的人，她之所以這樣，是因為把自己封閉的太久了，失去了自我，一個沒有自我的人一定是沒有了主見，變得偏激而又敏感的。

等小丹說完，紫清問小丹，是否記得小時候，她們倆的家都很窮，但是兩家六口人都相處得非常好。

他們都有過和爺爺、奶奶同睡在一個屋子裡的經歷，那個時候，他們的父母都沒有錢買新房子。而現在方銘的條件比她父母好過千萬倍，卻為什麼無法容忍一個老人呢？

　　小丹從紫清身上看到了自己曾經的影子，是呀，她曾經也像紫清這樣意氣風發，也像紫清這樣不拘泥於小事情呢！如今她怎麼變得如此小心眼了？想到這裡，她有些豁然開朗了：是呀，為什麼自己的人生變得如此了無生趣，這還不是自己造成的嗎？

　　小丹聽從紫清的話，從此以後走出了家門，重新走上了職場。她的活力恢復了，心態也變得豁達了，不再拘泥於家裡的小事情，不再跟老人斤斤計較。而她的婆婆的態度也慢慢地發生著變化，不再沒事挑毛病，也不會成天對著小丹絮絮叨叨地說個沒完沒了了。

　　有朋友的女人是幸福的，能把朋友當成鏡子一樣對照自己人生，不斷提醒自己的女人更是聰明的。

　　睿智的女人，不但不會忽視自己婚前的好朋友，還會因為生活的閱歷更加感恩自己昔日的朋友，感謝他們的陪伴，感謝他們與自己一起分享過的美好時光。作為女人，我們不僅要珍惜婚姻，珍視愛情，更應該珍視友情。既擁有愛情，又擁有友情的女人是富足的。正如冰心所說的：「愛情在左，友情在右，它們在生命之路的兩旁，隨時播種，隨時開花，將這一徑長途點綴得花香瀰漫，使穿枝拂葉的行人，踏著荊棘，不覺痛苦，有淚可落，卻不悲涼。」

別因為婚姻忽視了朋友

當勝女，不做男人附屬品：

拜金女 × 魚乾妹 × 媽蟲，別為我貼標籤，由我定義自己是誰！

編　　著：憶雲，麥小麥

發 行 人：黃振庭

出 版 者：崧燁文化事業有限公司

發 行 者：崧燁文化事業有限公司

E-mail：sonbookservice@gmail.com

粉 絲 頁：https://www.facebook.com/
　　　　　sonbookss/

網　　址：https://sonbook.net/

地　　址：臺北市中正區重慶南路一段六十一號八
　　　　　樓 815 室

Rm. 815, 8F., No.61, Sec. 1, Chongqing S. Rd.,
Zhongzheng Dist., Taipei City 100, Taiwan

電　　話：(02)2370-3310

傳　　真：(02)2388-1990

印　　刷：京峯彩色印刷有限公司（京峰數位）

律師顧問：廣華律師事務所 張珮琦律師

定　　價：350 元

發行日期：2023 年 01 月第一版

◎本書以 POD 印製

國家圖書館出版品預行編目資料

當勝女，不做男人附屬品：拜金女
× 魚乾妹 × 媽蟲，別為我貼標籤，
由我定義自己是誰！ / 憶雲，麥小
麥編著 . -- 第一版 . -- 臺北市：崧
燁文化事業有限公司 , 2023.01
面；　公分
POD 版
ISBN 978-626-332-915-7(平裝)
1.CST: 自我實現 2.CST: 成功法
3.CST: 女性
177.2　　111018642

電子書購買

臉書